El Mundo de los Emprendedores

9 destacados expertos de proyectos de nivel internacional tratan el tema del emprendimiento desde los aspectos más relevantes

EDITORIAL VIVA

© 2015, Editorial Viva.

Primera edición: 2015.

Segunda edición por Alan Alanís: 2020.

Derechos reservados. Ninguna parte de este libro puede ser reproducida o transmitida en cualquier forma o por ningún medio electrónico o mecánico, incluyendo el fotocopiado, grabado, o por cualquier almacenamiento de información o sistema de recuperación, sin permiso escrito de la Editorial Viva excepto por la inclusión de citas en una reseña o revista.

http://www.editorialviva.com

Contenido

Prólogo 7
Capítulo 1 9
    Todo empieza con un sueño
    Roberto Hernández - Nicaragua
Capítulo 2 17
    A-PASION-ARTE
    Jonhfer López Briñez - Colombia
Capítulo 3 33
    Un caso de Emprendimiento RADIO APyT
    Marco Antonio Ontiveros - México
Capítulo 4 43
    Creatividad para el emprendedor
    Alonso Pulido - España
Capítulo 5 57
    Trabajo en equipo
    Mauro Danzi - Argentina
Capítulo 6 69
    Autoestima - Dejando de ser invisible
    Diego Salazar - Guatemala
Capítulo 7 81
    Liderazgo Verdadero
    Alan Alanís - E.U.A.
Capítulo 8 105
    Internet y el Emprendedor
    Ademir Lozano - México
Capítulo 9 119

El Plan de Negocios para el Emprendedor
Jorge Rivero Zúñiga - Alemania

Autores 127

Prólogo

La Red Mundial de Conferencistas, es la organización representativa de los conferencistas profesionales de habla hispana en el mundo, se creó el 4 de enero del 2008. Actualmente reúne a más de 370 conferencistas de habla hispana en 26 países.

La RMC ha creado Editorial Viva para la publicación de libros. El primer libro publicado por dicha editorial, bajo la modalidad de libros en conjunto, fue "La Biblia de la Motivación". El segundo "Liderazgo en la Cumbre" y el tercero es el "Mundo de los Emprendedores" que usted tiene entre sus manos.

En este libro se ha reunido una selección de destacados conferencistas para tratar el tema del emprendimiento desde diversos aspectos.

Es un libro basado en la cooperación y la colaboración. Un libro único en su género.

Este libro está dedicado a los buscadores de la verdad y a aquellos que quieren serlo.

Capítulo 1

Todo empieza con un sueño
Roberto Hernández - Nicaragua

El sueño que hizo posible lo imposible

Hace muchos años un hombre soñador y visionario revolucionó la industria automovilística al crear el famoso motor V8, que según los más experimentados ingenieros de la época era "imposible" hacer. Pero la palabra "imposible" no estaba en el vocabulario de ese hombre llamado Henry Ford, fundador de la Ford Motor Company.

Su sueño consistía en construir un motor con ocho cilindros alojados en un solo bloque y dio las orientaciones a sus ingenieros para hacerlo realidad. El proyecto estaba realizado sobre el papel, pero los ingenieros acordaron que era imposible meter ocho cilindros en un motor de un solo bloque.

No obstante, Ford les dijo que lo produjeran de todas maneras, mientras ellos le replicaron "es imposible". –¡Adelante! –ordenó Ford–, y no dejen de trabajar hasta haberlo conseguido, no importa cuánto tiempo haga falta.

A los ingenieros no les quedó otra opción que poner manos a la obra si querían seguir formando parte del equipo de Ford. Transcurrieron seis meses sin obtener resultados. Pasaron varios meses más probando todos los planes concebibles, y todavía no tenían nada.

Luego de un año, Henry Ford se reunió con los ingenieros, quienes le informaron que no habían hallado la manera de hacer el prototipo del motor solicitado por él.

—Sigan trabajando —expresó Ford— quiero ese motor, y lo tendré.

Las pruebas continuaron, y entonces, como si fuese un acto de magia, finalmente lograron fabricar el motor.

Antes que los ingenieros empezaran con el proyecto, Ford ya lo había visto en un sueño tal y cómo se lo presentaron sus ingenieros tiempo más tarde. ¡El sueño y la determinación de Ford hicieron posible lo imposible!

Tu sueño es la visión de lo que quieres lograr

¿Por qué algunas personas logran materializar sus sueños y otras no? Miles de personas en Latinoamérica cuando escuchan o leen sobre un emprendedor que alcanza el éxito se preguntan a menudo ¿cómo es que pudo lograrlo? y por lo general la mayoría piensa que es porque nació en el seno de una familia privilegiada económicamente y por consiguiente su vida ha sido fácil. Pero se sorprenderían al saber que la mayoría de los casos no son así y que al contrario vienen de hogares pobres.

¿Entonces qué ha marcado la diferencia en sus vidas para concretar sus proyectos? La diferencia es que son personas que soñaron que su futuro sería diferente y creyeron que podían alcanzarlo. Ahí radica el problema en la mayoría de las personas, que tienen sueños pero no creen posible su realización o permiten que otros les corten la capacidad de soñar.

A los que sueñan en grande les llaman locos, les dicen que vivan su realidad, que no pierdan el tiempo soñando cosas irrealizables, que su destino es ser pobres. Pero quienes dicen esto es porque nunca han logrado nada en la vida y piensan que los demás tampoco lo harán. Por eso cualquier persona con deseos de emprender no debe permitir que nadie le diga que no logrará realizar sus sueños, simplemente debe seguir adelante.

Todo emprendedor antes de aventurarse a realizar algo, primero necesita tener claro cuál es su sueño. ¿Cómo identificarlo?

El sueño es la visión de lo que anhela tu corazón, es el más profundo deseo de lo quieres llegar a realizar en tu vida. Es una brújula que te indica el camino a seguir para alcanzar tu propósito.

Soñar es un derecho que tenemos todos los seres humanos, soñar lo que queremos ser o lo que queremos tener. Todo comienza con un sueño, luego el compromiso por cumplir ese sueño y la perseverancia para alcanzarlo. No obstante, debemos estar conscientes que lo bueno siempre cuesta, que no es fácil obtenerlo, pero que es posible lograrlo si uno se lo desea fervientemente.

Un soñador es visionario, alguien que puede ver las cosas como si ya existieran, se mantiene inspirado por su visión a futuro, porque la principal fuente de inspiración para cualquier emprendedor proviene de sus sueños.

Para cumplir un sueño se deben establecer metas y escribirlas

Los sueños no se cumplen por sí solos. Los emprendedores que han alcanzado la cima del éxito, aprendieron la importancia que tiene establecer metas para hacer realidad cualquier proyecto.

En primer lugar, se tienen que definir cuáles son las metas que nos ayudarán a cumplir nuestra visión. Posteriormente debemos escribir en un papel las metas. El filósofo estadounidense Jim Rohn dijo que cuando escribimos las metas, le damos una dimensión de realidad porque pasan de lo intangible de la mente a lo escrito, que es visible. La visión debe ponerse por escrito para que nos recuerde lo que queremos alcanzar y para asegurar su cumplimiento. En la Biblia encontramos la relación que existe entre escribir las metas y la realización de éstas.

"Escribe la visión, y haz que resalte claramente en las tablillas, para que pueda leerse de corrido. Pues la visión se realizará en el tiempo señalado; marcha hacia su cumplimiento, y no dejará de cumplirse. Aunque parezca tardar, espérala; porque sin falta vendrá".
-Habacuc 2:2-3 (NVI).

El Compromiso

Las metas son sólo deseos cuando no existe compromiso para alcanzarlas. Al respecto el abogado y escritor austríaco, Peter F. Drucker dijo lo siguiente "A menos que se haga el compromiso, sólo hay promesas y esperanzas, pero no hay planes." De manera que sin un firme compromiso personal con nuestro sueño, nunca podremos llevarlo a cabo. Cuando una persona está comprometida en cumplir su visión no pone excusas para buscar cómo llevarla a la acción.

La Perseverancia

La perseverancia es la que impulsa a seguir adelante a pesar de las adversidades que se presentan en el camino. Perseverar una y otra vez es lo que conduce al cumplimiento de cualquier objetivo por difícil que parezca. "Desistir es la salida de los débiles, insistir es la alternativa de los fuertes" decía Walt Disney, uno de los emprendedores que abrazó el principio de la perseverancia que lo llevó al éxito.

Muchas personas no han hecho nada significativo con sus vidas, precisamente porque no han perseverado. Al menor problema abandonan sus metas y buscan excusas para justificarse.

Precisamente porque uno de los graves problemas culturales que predomina en Latinoamérica y que impide la realización personal, es la inconsistencia, por ello es apremiante eliminarla de la programación mental, para adquirir el hábito de perseverar.

En el mundo del emprendedor es una necesidad primordial adoptar la perseverancia como un hábito personal, siempre se tiene que dar un paso más, si ese no es suficiente hay que dar otro, porque la inconsistencia es amiga del fracaso mientras la perseverancia es amiga del éxito.

Todos los grandes logros empresariales, científicos, culturales, sociales o políticos conocidos hoy en día, empezaron con un sueño en el corazón de personas que se atrevieron a creer que lo podrían convertir en realidad. Gentes que soñaron hacer posible lo imposible al igual que Henry Ford, un hombre que no llegó a completar sus estudios formales.

Si tienes el deseo en tu corazón de iniciar tu propio negocio, persigue tu sueño, persigue tu realización personal. Si has dejado a un lado tus sueños, es momento de pasar a la acción y retomarlos. No importa la edad que tengas, nunca es tarde para cumplir tus metas. Recuerda, es importante no dejar de soñar porque todo empieza con un sueño.

¡Sueña, cree y acciona!

Capítulo 2

A-PASION-ARTE

Jonhfer López Briñez – Colombia

Estando muy joven y con ganas de cambiar el mundo, encontré una palabrita mágica que siempre ha sido muy escuchada gracias a un sin número de personas, libros, videos y conceptos de diversos autores, que durante muchos años he tratado de comprender y lo más difícil: aplicarla a mi propia existencia…LA PASION.

Palabra que a la mayoría de nosotros nos ha puesto a pensar sobre cómo experimentarla y usarla en nuestro diario vivir. Por ello cabe resaltar que LA PASION viene del Latín "Patior" que significa sufrir o sentir, es una emoción general hacia una persona, objeto, idea, tema, por el cual sentimos admiración y/o gusto, aunque la expresión total de la palabra tiene muchas interpretaciones, nos enfocaremos a una sola pasión: La pasión en nosotros mismos; funciona igual que una receta, que al agregar un "Ingrediente de Secreto" en nuestra realidad, nos es posible lograr la mejor versión de nosotros mismos, que nos permite transformar positivamente el mundo, ser ejemplo para muchos y que nuestras ideas sean admiradas, sumado a obtener todo lo que creemos nos hace falta para ser felices y sentirnos realizados.

Por supuesto aclaro que no es el único ingrediente que debe ser agregado a nuestra vida; ya que muchas veces podremos ser apasionados por las personas, por lo que hacemos, por el mundo, etc. Sin embargo si solo lo sentimos y pensamos, pero no lo hacemos realidad a través de nuestras acciones diarias, si no le agregamos conocimientos e información a nuestra vida sobre lo que nos gusta y tampoco establecemos rutinas, disciplina diaria y muchos más ingredientes de éxito, difícilmente integraremos el grupo de personas que están cambiando sus vidas y su entorno.

Recuerdo alguna vez más joven que ahora, que un gran maestro en medio de su expresión dura y reclamándome porque me encontraba algo desmotivado, me dijo en tono fuerte pero apasionado:

-"Eso que tanto te gusta debes hacerlo así te canses, así repitas, así no sepas, así los demás te juzguen… Solo hazlo: <u>porque te gusta hacerlo!</u>".

Así que decidí que este escrito estaría lleno de PASION, ya que una de las cosas que más me encanta hacer en la vida, es compartir mis experiencias y ayudar a otros por medio de mi carrera como Conferencista y Docente (Lic. En Artes escénicas o dicho de un modo más coloquial Profesor de Teatro y Danzas), usando el arte de hablar en público, sumado técnicas aprendidas de las Artes, comedia, mimo, clown, expresión corporal y demás

cosas que he ido aprendiendo en el camino y en suma me han permitido conectarme mejor con el mundo, ser más apasionado, pero aún más importante conectarme con mi interior, a la larga el mundo es la suma de muchos hombres y mujeres que han hecho cambios y acciones internas y externas, para transformarlo en lo que hoy en día es; con sus cosas buenas y malas, pero el gran factor común de todos aquellos que han generado una gran transformación es **LA PASION**.

"Nada grande se ha hecho en el mundo sin una gran pasión"
Friedrich Hegel (1770-1831)
Filósofo alemán.

Partiré entonces de 3 aspectos que considero en mi vida han generado una gran Pasión:

a) **Vivir en modo OFF** (estar sin pasión en la vida).
b) **Patologías de La Pasión** (Cosas que hace uno cuando no está apasionado),
c) **A-PASIÓN-ARTE** (Accionesapasionadasdelocos apasionados).

Cabe recordar que esto no es el secreto del éxito, solo son algunas experiencias en modo de reflexiones y acciones que me han ayudado a entender y usar ese activo personal que todos podemos desarrollar, volviéndose un recurso renovable y reutilizable para el desarrollo mejoramiento en nuestras vidas, no pretendo generar Pasión en ti, lo que propongo es que TU mismo la generes…
¡APASIONATE!

a) VIVIR EN MODO OFF

Recuerdo un comercial de tv. que se transmitía en mi bello país Colombia, acerca de un producto que de manera "aparentemente" natural, brindaba beneficios energéticos para las personas, lo que me llamaba la atención no era el milagroso producto sino en el comercial y el lema, que se basaba en un interruptor que poseía una persona que cada vez que se encendía **ON** era porque el protagonista del comercial consumía el producto, por el contrario cuando no lo hacía su energía estaba **OFF**, claro haciendo uso de dicha idea todos tenemos un interruptor que nos "enciende" si lo necesitamos. Sin embargo, en mi pensamiento siempre he creído que el remedio de una actitud y motivación adecuada está en DIOS y en nosotros mismos.

Es innegable que tenemos una historia que ha afectado nuestra conciencia colectiva y muchos problemas de malas actitudes y pensamientos destructivos, que son heredados por generaciones que han vivido el legado de una historia devastada con guerras, inseguridad, narcotráfico, corrupción y un sin número de problemas que afectan la nuestra sociedad de manera contundente. Producto de esa realidad, nuestros antecesores nos heredaron miedos y actitudes propias de dicho contexto, ellos a sus hijos, es decir nuestros padres y ellos a su vez a nosotros, como así se hará con la siguiente generación. Esta terrible herencia ha calado en lo más profundo de nuestras vidas (habilidades, actitudes, palabras, pensamientos, hábitos, acciones, etc.), ya que ha sido aprehendido desde pequeños, además de ser ampliamente difundido sin ningún reparo por los medios de comunicación y aceptados por la sociedad en su inmensa mayoría, esto supondría que somos una sociedad en modo **OFF**.

Siendo una reflexión somera de las problemáticas que aquejan a nuestro mundo, el problema es que estamos llenos de miedos, status quo, creencias, ignorancias y reacciones, que nos hacen "complejos" a la hora de ser más y mejores, ya que tenemos que luchar contra nuestras propias creencias heredadas y aprendidas, vivimos en la famosa "Zona de Confort" y en la mayoría del tiempo se hace bastante difícil salir de ella.

Alguna vez leí una frase que siempre me ha impactado del conocido científico creador de la teoría de la relatividad y la repito muchas veces para reafirmarme que tengo que luchar en contra de mímismo:

"Loco, es aquel que haciendo siempre lo mismo espera resultados distintos".
ALBERT EINSTEIN

Y claro la reflexión de este científico me ha puesto a cuestionar sobre mi existencia, dándome la claridad que también era parte del problema y que en suma hacia parte de la sociedad problema, así dando el primer paso, - admitir que estoy Loco y haciendo lo mismo que todos, esperando a mejorar y que lleguen las maravillas que espero algún día me lleguen-. Grave error.

Muchos seres humanos viven en modo **OFF** (también yo en el pasado vivía en este modo) y lo peor de todo es que no son conscientes de ello, ni lo que implica. No se dan cuenta del poderoso potencial que posee su existencia en sí misma y por supuesto no le sacan el mejor provecho a sus talentos, convirtiéndose en personas que existen y sobreviven, mas no se dan la oportunidad de vivir intensamente. Se desperdician en vida y como no reconocen las grandes bendiciones y potencialidades que Dios les ha brindado siempre, mucho menos poseen la capacidad de reconocerlas en los demás. Creen estar en lo correcto gracias a su repetición constante de viejos hábitos y paradigmas.

En términos teóricos este problema tiene muchos nombres, acá describo uno de ellos: El **Efecto Dunning-Kruger,** en un estudio los autores quienes llevan el mismo nombre, concluían que es un efecto Psicológico en el cual las personas con bajas habilidades o conocimientos, poseen una sensación de superioridad de saberes al respecto; Se realizaron experimentos en la universidad de Cornell en Nueva York EE UU en variadas actividades desde la lectura, comedia, prácticas deportivas, entre otras, a diferentes estudiantes, las conclusiones de dicha investigación entregada en 1999 fueron; que los individuos más incompetentes, por lo general <u>se sobrevaloran más a sí mismos</u> aun a pesar de observar sus bajos resultados obtenidos en dicho estudio, <u>niegan su insuficiencia</u> y peor aún <u>no ven habilidad en otros</u>, sin embargo, aquellos individuos que sean adecuadamente entrenados en ciertas habilidades lograran superar dichas barreras. Por el contrario que las personas con grandes habilidades reales se subestiman ante los demás, desvalorando su habilidad. La conclusión de dicha investigación reveló:

"La mala medición del incompetente se debe a un error sobre sí mismo, mientras que la mala medición del competente se debe a un error acerca de los demás"

Nos encontramos una especie de **Ignorancia-Ignorada** y esto supondría un estado **OFF**, podríamos encontrarnos en paradigmas de aprendizajes negativos, donde lo que aprendimos dista mucho de lo que nos toca vivir, podríamos estar creyendo que lo que expresamos es igual a lo que sentimos y no nos damos cuenta que puede ser diferente lo que eres a lo que muestras que eres. Creemos que somos superiores o sobrevaloramos lo que somos, o por el contrario creemos que no somos lo suficiente o que no somos capaces de lograr cualquier cosa, sumando una poderosa influencia de nuestro entorno que afecta e influye totalmente nuestros pensamientos, palabras, actitudes y comportamientos, sin embargo las respuestas que tanto buscamos o pedimos que nos lleguen mágicamente, se encuentran en nuestro interior, claro estando en modo **ON**.

Todas las respuestas no están; se crean en la medida que hacemos que nuestra realidad mejore segundo a segundo. Todos nuestros pensamientos y palabras influyen totalmente en nuestro comportamiento; así que si no estamos bien en nuestro interior, el proceso de transformación no se dará. Por esta razón, debe trabajarse en los cuatro elementos claves del mejoramiento en el ahora: Transformemos hoy nuestros **PENSAMIENTOS, PALABRAS, ACCIONES Y HABITOS**, ya sea que empecemos con transformar nuestros pensamientos (agregando elementos nuevos a nuestros conocimientos, con estudios, lecturas, capacitaciones, etc.), mejorando nuestra forma de expresarnos hacia nosotros mismos y con nuestro entorno (practicando nuevas formas de comunicarnos gracias a relacionarnos con personas que tengan esta habilidad bien desarrollada, arriesgándonos a charlar más y mejor), o llevando acabo planes y acciones que generen nuevas experiencias y todo esto lleva invariablemente a reemplazar viejas costumbres o hábitos a unos nuevos, al modo **ON**.

b) PATOLOGÍAS DE LA PASIÓN

No tener pasión supone una cantidad de actitudes, gestos, palabras, acciones que como dije anteriormente puede que no nos estemos dando cuenta de eso según el **Efecto Dunning- Kruger**. Por ende quiero exponer a continuación 4 ejemplos (son muchos los problemas pero expondré ya que me afectaron mayormente), que vemos a diario que le sucede a cualquier persona, profesional o no, con alto o bajo nivel socio económico, de cualquier credo, religión o ideología…no importa cuál sea la condición. Las PATOLOGIAS DE LA PASION cualquiera las puede padecer ya que se ve influenciada directamente por lo aprendido desde el hogar, el colegio, las amistades, el trabajo y el ambiente social. Puede que logres identificar si padeces o puedas estar presentando algunos o más de los siguientes síntomas, pero solo de ti y de cada uno de nosotros depende si dejamos avanzar esta enfermedad o NO!!!

Creer que la PASION permanece por sí misma y no hay que alimentarla. Es muy común creer que la pasión es permanente o que nace por algo de manera casual o fortuita; y no hay nada más alejado de la realidad, aunque la pasión puede originarse por algo en concreto, no necesariamente será así siempre.

Cuando pensamo en el Amor, se creería que nace por alguien y durante años se mantendría vigente y que sin mucho esfuerzo seria como lo dicen los cuentos de hadas: "yvivieron felices para Siempre". Eso creíamos en la adolescencia cuando nos enamoramos por primera vez; sin embargo, aquellos que contamos con la experiencia y fortuna de vivir muchos años compartiendo con parejas, esposas o esposos, sabemos que para ser felices "para siempre", hay que construir la relación todos los días, minutoa minuto,entregandolomejorde nosotros mismos, comunicándonos permanentemente, sumado a generar cambios personales para adaptarnos al otro.

La pasión, de la misma manera, debe ser alimentada en todo momento; con trabajo constante, dedicación, conocimiento e información nueva, actitudes correctas, amor, palabras adecuadas y pensamientos positivos, enfocados a hacer que florezca y crezca día a día, no lo hará por sí sola, depende totalmente de nosotros.

Pasión sin Motivación. Siempre la pasión debe estar acompañada de la Motivación, que en su origen latín viene de la palabra "Motus" o "causa del movimiento", no existe una pasión duradera sin el movimiento que realice dicha pasión. Por ejemplo si te apasiona el futbol y sin embargo no lo practicas, no lo comentas, no ves los espectáculos del mismo y no vives en su contexto, tupasión ira disminuyendo hasta bajarle al gusto. Todo apasionado se mueve en dirección de su pasión, su motivo, su razón…si quieres emprender debes apasionarte hacia el emprendimiento, leer sobre temas empresariales, asistir a conferencias, estudiar el tema, vincularte con empresarios exitosos, hablar su idioma, y llevar a cabo la materialización de tu propia idea, independiente de las dificultades y necesidades que se te presenten en el camino. Solo el apasionado real lo **Mueve su Pasión.**

Zona de Confort. Todos en algún momento, sufrimos de esta zona que representa un estado físico y mental en el que no tendremos que correr riesgos; es un estado en el que cualquier ser humano se mueve justificándose para no transformarlo, limitando su propia experiencia de vida a construir barreras, excusas y actitudes negativas. La zona de confort es el miedo a lo nuevo, lo desconocido; es un estado donde los viejos paradigmas o realidades aceptadas son lo máximo y nada diferente o nuevo es viable para nosotros. Para una persona que se encuentra en esta **zona**, generar pasión resulta complejo ya que están enmarcadas en sus propias experiencias y realidades limitantes.

Cuando algo que nos apasiona nos obliga a hacer cosas que no estamos acostumbrados o no necesariamente nos agrade del todo, esto nos permite ampliar la visión de la realidad, nos encamina a ser más abiertos y nos permite ser más receptivos con diferentes realidades que aún no conocemos, esto nos da más herramientas para integrar a nuestra realidad y ser más funcionales ante la vida.

Baja Autoestima, La baja estima es un estado Psicológico y de comportamiento destructivo que busca reducir en gran medida todo aquello que sea valorar positivamente el propio ser y mucho menos a los demás. Cuando estamos en modo **OFF,** la valoración personal es mínima, nocreemos posible nuevas y mejores posibilidades, por el contrario somos víctimas de la baja estima social y creemos lo que muchos negativamente hablan: Que el país está mal, que la economía está mal, que hay muchos peligros, que esto no se puede, que hoy día ya no hay dinero, que no hay valores, que ya sé esto o aquello, que y que y muchos más que… Este discurso influye negativamente el pensamiento del colectivo y se acepta socialmente.

Para estas innegables y reales situaciones negativas personales y sociales, recuerdo una frase popular que siempre me ha ayudado a pensar de manera diferente:

"En el mundo hay dos tipos de personas, las que lloran y las que venden pañuelos"

Qué tipo de persona soy yo o eres tú?; el que llora siempre de dichas situaciones o el que sale y le saca provecho así la situación le afecte, pero que sabe y es consciente de que existen alternativas de solución?. Creo yo que las situaciones se dan en las decisiones que tomemos al respecto; y la baja estima personal y social es producto de creerlo y hacerlo parte de nuestra realidad, de repetirloyrepetirloysolosi identificamosesta enfermedad psicológica y decidimos combatirla, podremos hablar y actuar diferente.

Estas patologías no son el resumen de todos los problemas de sentir poca pasión en la vida (no tengo una lista completa y detallada de la misma) pero considero que pueden ser el punto de partida para identificar las causas o razones que muchas veces nos aquejan y poder así, lograr el cambio y mejoramiento personal; tal cual dicen en la comunidad médica frente al problema del cáncer: **"el cáncer es curable si se diagnostica a tiempo"**.

Si logras identificar estas patologías en tu propia vida, podrás trabajar en analizar lo que han hecho en ti, luego preguntar cómo combatirlas y encontrar tus respuestas con el fin de empezar tu plan de acción y así poder iniciar el tratamiento ante estas enfermedades de la pasión.

c) APASIÓN-ARTE

La pasión es un "activo" (bien tangible o intangible que posee una empresa o persona) que ligado a las emociones podemos generar y claro usar, sacándole provecho para hacer nuestras vidas más intensas y divertidas, logrando que lo que nos propongamos sea maravilloso e innovador. Citando un ejemplo sencillo, en una ocasión fuimos con mi esposa y mi hijo a un restaurante a almorzar y ya hacia un tiempo trabajaba una chica, que siempre se veía de caminar lento y casi no respondía el saludo de los clientes, la observábamos discreta y detenidamente y nos fijamos que no era muy comprometida y claro por ende una persona que no lograba con esa actitud y falta de pasión crecer y hacer de su vida algo mejor, viéndolo desde la administración no erani eficaz (cumplir metas establecidas), ni eficiente (lograr más con menos) por ende menos productiva. Por ejemplo, en una mesa pedían sopa, llevaba la sopa pero olvidaba la cuchara y claro le tocaba volver a la mesa para entregar su olvido (recorría dos veces el mismo espacio y así era en general). Solo con esas pequeñas acciones, por causa de ella misma se cansaba más ya que estaba gastando el doble de tiempo y esfuerzo para una tarea que puede hacerse en una sola vez, lo obvio es que actualmente ya no trabaja en este restaurante y no creo se haya dado cuenta que es por su misma falta de pasión y compromiso.

Es común creer que la pasión debe surgir de hacer cosas que nos encante hacer, sin embargo en medio de esas maravillas que soñamos hay un sin número de responsabilidades intrínsecas que hay que aprender a realizar y es muy posible que no sean de nuestro agrado, aun así son necesarias para llegar a las metas que tanto anhelamos lograr.

Cuando no le imprimimos pasión a lo que hacemos diariamente, difícilmente lograremos activar las actitudes y circunstancias que nos llevaran por el camino del logro, entonces para lograr dicha pasión por lo que hacemos es necesario generar en cada instante de nuestras vidas actitudes y habilidades claves para que la pasión poco a poco se desborde y la realidad de nuestra vida fluya, sea abundante y maravillosa.

La pasión es nuestra bendición y responsabilidad, debemos entonces cultivarla rodeándonos de personas que son apasionadas, adquiriendo conocimientos que nos permitan superarnos más, practicando pensamientos cada vez más depurados y positivos, sonriendo, disfrutando y viviendo cada momento como único, aprendiendo a aprender, desarmando nuestras malas actitudes y recordando que al ser humanos nos equivocamos para ser mejores, reconociendo la virtud del mundo y no enfocarnos solo a los problemas latentes de la sociedad, haciendo de nuestra vida el mejor ejemplo de que siempre se puede ser más y mejor.

Aunque la pasión está ligada a las emociones y ella por si mismas son pasajeras, si inyectamos constantemente pasión a nuestras vidas, nos convertiremos en puntos de referencia para muchos y objetos de críticas negativas para otros, igual nunca importa lo que los demás piensen a menos que te haga ser mejor, lo realmente importante es que tu vida, tenga un paso valioso por este mundo y que las próximas generaciones te recuerden como un ser que no se desperdició solo sobreviviendo.

Recuerda que estas hecho de material divino y por ende estás en este mundo para cumplir con algo, debes entonces descubrirlo, hacerte una y mil veces esa pregunta que siempre surge desde muy jóvenes: A que vine a este mundo, respondértelo de acuerdo a tus instintos, seguir encontrando respuestas, nunca dejar de cuestionarte y entrenarte en ser cada vez mejor en lo que haces y muy probablemente seas un loco apasionad@ de la vida, de tu familia, del amor, de una idea, de una empresa o de todo lo que existe:

APASIONARTE es estar vivo y ser consciente de que lo que haces sirve para el mundo, no lo dudes nunca!!

Capítulo 3

Un caso de Emprendimiento RADIO APyT

Marco Antonio Ontiveros - México

"El futuro pertenece a quienes creen en la belleza de sus sueños."
Eleanor Roosvelt

"Invertir en conocimientos produce siempre los mejores beneficios."
-Benjamin Franklin

"Casi todo lo que realice será insignificante, pero es muy importante que lo haga."
- Mahatma Gandhi

"La vida es lo que ocurre mientras estamos ocupados haciendo planes." - John Lennon

"Todos tus sueños pueden hacerse realidad si tienes el coraje de perseguirlos." - Walt Disney

Pre-Inicio

En el mes de abril del 2013, tuve una invitación para asistir a compartir la Conferencia "EL PODER DE TU RISA" a Puerto Escondido, Oaxaca en la República Mexicana.

En aquel viaje, una persona me invitó a tener un programa de radio en una estación que estaba por lanzar al aire, me comentó que sería un programa a la semana de una hora de duración y que tendría un costo mensual de $200.00 pesos mexicanos. Me pareció adecuado el monto y lo referente al programa de radio.

Al ser radio por internet, me comentó la persona, la ventaja es que uno instala en su computadora el programa para conectarse a la radio y !!LISTO!! Desde donde me encuentre podría transmitir.

Le comenté a la persona que yo utilizaba una MAC para saber que programa sería el adecuado para instalar; me comentó que lo vería con su técnico para hacerme saber lo referente al programa y cuando se hacia la instalación.

Pasaron aproximadamente 3 semanas y entre que me decía que su técnico no estaba o que no había el programa adecuado para usar en una MAC o que no me podía ayudar o que tendría yo que usar una computadora basada en Windows como sistema operativo.

Al final de éstas semanas, me surgió una duda que ahora sí da pie al ...Inicio del sueño que aún no era soñado

Después de no tener una respuesta adecuada, la duda que tuve fue: ¿de verdad no hay un programa para poder hacer radio por internet en una MAC?

Y justo en ese momento, empezó el SUEÑO QUE NO HABÍA SOÑADO: tener una propia estación de radio por internet.

Navegando por internet, busqué varias opciones para saber como era el proceso para tener una radio.

Localicé unas 5 o 6 empresas que ofrecían sus servicios de internet, y dado que en aquellos días mi experiencia con empresas donde no puedo comunicarme por teléfono no era buena, porque en 2 empresas donde había hospedado mis dominios solo me podía comunicar con ellos vía correo electrónico, busqué un proveedor con quien pudiera hablar por teléfono. De las empresas comentadas, me respondieron 2 y solo una me dijo que si podíamos platicar por Skype antes de contratar, y como se dice en México, me dije: "De aquí soy!!"

No tenia ni la menor idea que me surgirían tantas preguntas al ir platicando con quien actualmente no solo es mi proveedor de la radio por internet, sino con quien también tengo hospedados mis dominios, sin mencionar que también hoy día tenemos una amistad, hasta a su boda ya asistí.

Durante nuestra platica, me hizo preguntas como:

- ¿Para cuantas personas está pensando?
- ¿En MP3 o en ACC?
- ¿Cuánto espacio necesita para la estación?
- ¿Va a tener solo música?
- ¿Cuántas personas estarán en la radio?
- ¿Cuándo sale AL AIRE?

Además de provocarme RISA, me hicieron darme cuenta que no tenia de verdad, ni idea de lo que era tener una estación de radio por internet.

Y así se lo confesé a mi proveedor, quien me comentó "No se preocupe, yo le ayudaré para que todo vaya bien", y así ha sido desde entonces.

Durante la plática me comenzó a explicar ligeramente lo que había que hacer para tener la estación lista, fundamentalmente las funciones como ADMINISTRADOR de la estación.

Era como si me hablara en chino, en realidad no tenía muy claro a lo que se refería con los términos técnicos que me iba comentando, yo puse toda la atención posible y a la vez iba apuntado por un lado lo que me decía y por otro, que cada vez eran más, las dudas que me iban surgiendo al seguir con la plática.

Después de toda la plática llegamos a la parte de los cuantos, y me pregunté: "¿seguro que la quieres?" y mí respuesta en ese momento fue un rotundo: ¡¡CLARO QUE SÍ!!

Selección del Equipo Inicial

Una vez decidido que quería tener la estación de radio por internet, mi primer pensamiento fue: "como es mi estación, voy a poder tener mi programa cuando se me pegue la gana."

Después de mi RISA me surgió otra pregunta importante para mí:
¿Qué tal si invito a amigos o a personas que les interese tener un programa de radio?

El nombre no fue difícil, porque APyT lo he usado en mis Conferencias y Seminarios, APyT significa: "Actitud Positiva y Transformación de creencias."

Una vez definido el nombre de la estación, lo que hice fue invitar a algunos de mis amigos y a algunos de mis colegas conferencistas, los que pensé podían unirse a la FAMILIA de RADIO APyT que estaba yo iniciando; las respuestas me dieron alegría y me hicieron reflexionar, por un lado mis amigos me dijeron que aceptaban con gusto aunque no tenían ni idea de cómo hacer un programa de radio; y por otro lado, de mis colegas conferencistas, la respuesta no fue positiva, quizá porque tenían otros proyectos; así que con mis amigos Roberto, José Ángel, Junior, Ludmy y yo, iniciamos el 17 de junio del 2013 la Estación Humanista RADIO APyT. Iniciamos 6 programas y 5 personas, yo inicié con 2 programas para tener un programa cada día de lunes a viernes.

Ese fue el bello y no soñado inicio de lo que ha marcado hasta hoy mi vida personal y profesional.

Creación de la Estructura

Una vez que salimos al AIRE, tuve ésta reflexión: "si yo tengo una estación de radio por internet, lo menos que yo debo tener es la licencia como Locutor, para actuar con congruencia en este gran proyecto y ahora GRAN SUEÑO."

Me tocó buscar, tal como lo hice para tener la estación de radio, varias opciones y hacer varias llamadas telefónicas para preguntar diferentes cosas, y a partir de eso nació mi incorporación a la Asociación Nacional de Locutores de México, que fue la que seleccioné como mi opción para obtener mi Licencia y que hoy día es mi casa como Locutor; y debo decirte que fue mi mejor elección, porque a partir de esa decisión han surgido amigos y personas que se han sumado a ésta, AHORA GRAN FAMILIA de RADIO APyT; por cierto, mi Certificado de Aptitud de Locutor Categoría "A" tiene la fecha del 02 de julio del 2013 y es el No. 37540.

Al inicio, me refiero a junio del 2013, al ser muy pocos programas los que estábamos al aire EN VIVO, tenía la oportunidad y tiempo de escuchar todos; conforme fuimos creciendo en personas y en programas, cada vez fue un poco más complicado, mi estilo de vida ha ido cambiando conforme RADIO APyT ha ido cambiando; me refiero a mis citas, a mis horas para dormir, la hora de despertar, en fin, con mucho gusto me he ido adecuando conforme me lo ha pedido la radio.

Cuando fuimos más de 20 programas, consideré necesario para mí y para la misma radio, tener un Comité Operativo para que me ayudara, no solo en monitorear los programas, sino en las decisiones en la radio, por lo que en el 2014 le di forma a nuestro Comité Operativo que me ayuda con las decisiones y en las funciones de RADIO APyT.

Mantenimiento

Desde el inicio de este gran proyecto, ha sido de un total aprendizaje para mi persona, de hecho, casi desde el inicio tomé el sobrenombre de "LOCO MAYOR", considerando que para lograr los sueños hay que estar locos para crearlos, para caminarlos, para formarlos y sobre todo para vivirlos, y también mis amigas y amigos locutores también son locas y locos al ir plasmando en sus respectivos programas parte de sus vidas.

Desde el mes de diciembre del 2013, empecé a tomar las estadísticas de la radio, lo que me ha permitido saber cómo está ubicada la radio, y me ha permitido saber que caminos debo ir tomando para apuntalar algunos programas y reforzar otros más, para que todos los programas mantengan una misma calidad en sus transmisiones.

No ha sido fácil, me ha tocado cambiar mis puntos de vista para delegar responsabilidades, el sacrificar algunas cosas de mi vida, el dedicar tiempo, dinero y esfuerzo a éste gran proyecto, que hoy día sigue apuntalándose como una gran estación de radio de CORTE HUMANISTA y que siguen y copian otras estaciones de radio por internet.

Me ha tocado aprender muy rápido temas relacionados a la radio, actualmente mi conocimiento es como si hubiera estado por años dentro de la radio en la parte de producción y como operador y, bueno, como Locutor, siempre iré mejorando día a día.

Con orgullo te comparto que en la actualidad (octubre del 2014), tenemos programas EN VIVO de lunes a domingo; de 24 horas que tiene el día, tenemos entre 10 y 12 horas de programas EN VIVO diarias; nos escuchan en más de 70 países y hemos ido generando alianzas tanto en México como de manera internacional para seguir siendo punta de lanza dentro del ámbito humanista en radio por internet.

Mi Decálogo sobre el Emprendimiento

A la vuelta de 16 meses y del trabajo que me ha tocado hacer como EMPRENDEDOR del sueño "RADIO APyT", me genera éste DECÁLOGO relacionado al emprendimiento (puedes no estar de acuerdo, finalmente es a través de lo que he aprendido en el camino de RADIO APyT):

1. No necesariamente para iniciar un proyecto debiste haberlo soñado;

2. Si no soñaste el proyecto que estás haciendo, una vez que iniciaste el camino de la ejecución, pregúntate si ese proyecto lo quieres convertir en sueño y a su vez lo quieres convertir en realidad, si tu respuesta es AFIRMATIVA: trabaja con todo tu corazón, con todo tu esfuerzo y con todas tus ganas en él;

3. No llegarás lejos si te encuentras solo;

4. Rodéate de un gran equipo humano;

5. Que siempre tu prioridad en el equipo humano sea que todos estén a gusto en el sueño;

6. Nunca hagas menos a ninguna persona, dentro o fuera de tu sueño;

7. Hay que delegar responsabilidades;

8. Hay que disfrutar la travesía del sueño;

9. Hay que invertir tiempo, dinero y esfuerzo a lo largo del camino;

10. SIEMPRE tus sueños traerán a tu vida: amigos y hermanos de vida que te acompañarán en todos tus sueños.

Capítulo 4

Creatividad para el Emprendedor

Alonso Pulido – España

Siento que la mejor forma de arrancar este capítulo es repasar los diferentes conceptos y definiciones de creatividad, para que sea la base sobre lo expuesto posteriormente.

La palabra creatividad deriva del latín "creare", la cual está emparentada con "creceré", que significa crecer, por lo tanto la palabra creatividad significa "crear de la nada".

Siento que estas definiciones de creatividad son las más acertadas de todas las que durante cientos de años el ser humano ha ido desarrollando:

Creatividad es… el proceso de desafiar las ideas aceptadas y usuales de hacer las cosas para encontrar nuevas soluciones y conceptos.

Creatividad es… ver lo que los otros aún no han visto.

Creatividad es… hacer simple lo complicado y permitirse hacer cosas diferentes para obtener resultados distintos.

Creatividad es… la inteligencia divirtiéndose.

Creatividad es… huir de lo obvio, lo seguro y lo previsible para producir algo novedoso.

Creatividad es… la asociación entre ideas y conceptos conocidos, que habitualmente producen soluciones originales.

Creatividad es… poner tu confianza en lo que aún ignoras y en lo que aún no has hecho pero que sientes en lo más profundo de tu corazón que es posible.

Estoy totalmente de acuerdo en la necesidad de que en nuestra sociedad existan entornos donde cada uno pueda encontrar la inspiración necesaria para desarrollar su creatividad, pues ésta a la vez que la fuente de nuestros problemas es la posible manera de solucionarlos.

¿Cuántos descubrimientos creativos, realizados tal vez por personasdesconocidas, tienen también mucho valor en nuestro día a día? Mira a tu alrededor, observa los objetos que rodean y reflexiona sobre que, un día una persona tuvo la idea creativa de inventar eso que estás viendo y utilizando.

En el momento de la historia que vivimos no basta con esperar a que vengan las ideas sino que investigamos sobre el mecanismo para su aparición, favoreciendo al máximo esta posibilidad. La creatividad es un método que puede desarrollarsey ser aprendido, sabiendo que todo el mundo tiene la capacidad de crear.

Todos poseemos un talento, todos tenemos la capacidad de ser creativos; y la mayoría vivimos sin saberlo, convencidos muchas veces de que el creativo es solo aquella persona inteligente que sabe componer melodías, o escribir una poesía.

Para expresar todo tu potencial creativo interno, necesitarás disfrutar con lo que haces: perseverar en los momentos frustrantes, no rendirte fácilmente y, también muy importante, ante las críticas negativas a tu idea innovadora seguir adelante, siempre adelante, suceda lo que suceda.

Uno de los prejuicios que nos impide ser más creativo es la importancia que damos al hecho de cometer errores. El hombre creativo se equivoca. El hombre creativo es valiente, tiene miedo a equivocarse pero aún con él sigue adelante, porque cuanto más se equivoca más aprende y más capacitado se hace para dar soluciones nuevas ante un problema.

Thomas Edison nos dice: **"no fueron mil intentos fallidos, fue un invento de mil pasos"**.

Deja lugar para un valor añadido creativo. Para un matemático, 1+1=2. Una persona imaginativa ignora las reglas y abre nuevas e interesantes perspectivas: 1+1=11.

Comparte y colabora con otros, crear un "MasterMInd" (Mente Maestra) con otras personas creativas, te hace más fuerte cuando tienes a otros ayudándote, aporta inteligencia y sabiduría más allá de la tuya. Si tú tienes un euro y yo tengo un euro y los intercambiamos. Tú tienes mi euro y yo tengo tu euro. Ninguno ha mejorado nada, pero ahora imagina que tú tienes una idea y yo tengo otra idea, si las intercambiamos, ahora ambos hemos incrementado nuestra reserva de ideas en un cien por cien.

"No os quedéis estancados. Todo, absolutamente todo, se puede mejorar. Nadie sabe en qué dirección, o en qué sentido, pero si continuas quejándote y conformándote, te será muy difícil ser innovador o creativo".
Guy Kawasaki

Déjame que te cuente una historia que nos demuestra la importancia de la creatividad y especialmente en los momentos de crisis.

Cuenta una antigua leyenda que en la Edad Media, un hombre virtuoso fue injustamente acusado de haber asesinado a una mujer. En realidad, el verdadero autor era una persona muy influyente del reino y por eso, desde el primer momento buscaron a un "chivo expiatorio" para encubrir al verdadero culpable.

El hombre fue llevado a juicio, ya conociendo que tendría escasas o ninguna oportunidad de escapar al terrible veredicto: ¡La Horca!.

El Juez también cómplice, cuidó de dar todo el aspecto de un juicio justo y por esta razón le dijo al acusado: " Conociendo tu fama de hombre justo y devoto del Señor, vamos a dejar en manos de Él tu destino. Vamos a escribir en dos papeles separados las palabras culpable e inocente. Tu escogerás uno de ellos y será la mano de Dios la que decida tu destino".

Por supuesto, el funcionario corrupto había preparado dos papeles con la misma leyenda: "CULPABLE" y la pobre víctima, aún sin conocer los detalles, se dio cuenta que el sistema propuesto era una trampa. No había escapatoria. El Juez conminó al hombre a tomar uno de los dos papeles doblados.

Éste inspiró profundamente, quedó en silencio unos cuantos segundos con los ojos cerrados sintiendo, y cuando la sala comenzaba ya a impacientarse, abrió los ojos y con una extraña sonrisa, escogió y agarró uno de los papeles y llevándolo a su boca, lo engulló rápidamente.

Sorprendidos e indignados los presentes, le reprocharon airadamente.

Pero....¿qué hizo?...¿Y ahora?...¿Cómo vamos a saber el veredicto?

"Es muy sencillo" respondió el acusado, "Es cuestión de leer el papel que queda y sabremos que decía el que yo escogí".

Con un disgusto mal disimulado, tuvieron que liberar al acusado, y jamás volvieron a molestarlo.

Moraleja: Por más difícil que se nos presente una situación, nunca dejemos de buscar la salida ni de luchar hasta el último momento. Cuando todo parezca perdido, usa la creatividad.

"Si le hubiera preguntado a la gente qué querían, me habrían dicho que un caballo más rápido". Henry Ford

Los 20 Mandamientos de la Creatividad

1. **Escribir tus ideas en una libreta de notas:** que lleves siempre contigo o grábalas en la grabadora de tu móvil. En cualquier sitio o momento puede surgir un proceso creativo y llegar la inspiración.

2. **Respirar, Relajarte y Meditar:** si te equilibras interiormente, podrás tener una mente más perceptiva a cosas nuevas.

3. **No ser tan exigente contigo mismo:** no seas tan autocritico, date oportunidad de no ser siempre el mejor y aprende de un proceso diferente y podrás lograr tan buenos resultados que ni tú imaginabas.

4. **Toma pequeños descansos y pon la atención en cosas diferentes:** si sientes que estas aturdido y que la idea que tienes solo está dando vueltas, toma un receso de 15 o 20 minutos, sal a caminar, lee un libro, pintar o escucha tu música favorita. Lograrás cambiar tu ritmo en ese espacio y tus ideas fluirán más frescas cuando regreses.

5. **Mantén tu mente abierta:** limpia tu mente de tabúes, costumbres, estándares, prototipos, etc. Ábrete a nuevas alternativas.

6. **Rodéate de personas creativas:** forma un círculo de amistad con personas que tengan sincronía con tu pasión por la creatividad y sean abiertas a nuevas soluciones, te ayudará a saber que no estás solo. Siempre es mejor contar con varias perspectivas de algo.

7. **Colabora/trabaja en equipo:** recuerda que dos mentes piensan mejor que una, date la oportunidad de aprender de las demás personas, puedes adquirir conocimientos o ideas de quien menos lo imaginas, amigos, vecinos, familiares, etc.

8. **No te rindas:** cuando sientas que lo que haces parece no tener final o no aparenta tener el camino que tu deseabas que tomara, recuerda quién eres y la calidad de persona que eres.

No cualquiera tiene la fuerza de voluntad para lograr éxito, recuerdas el caso de Thomas Alva Edison... cuando todos le decían que no iba a funcionar, él tenía en mente que había descubierto otra manera en hacer que el foco no encendiera. Se tenaz con tus ideas y metas.

9. **Permítete cometer errores:** nadie es perfecto, como te mencionamos en el punto, no seas tan exigente y date oportunidad de cometer "errores", en ocasiones son los que terminan llevándote al éxito.

10. **Visita lugares nuevos:** asiste a lugares que no vas frecuentemente o en tu rutina diaria, te ayudará a que percibas actividades, materiales, olores, texturas a las que no estás acostumbrado, tu mente al recibirlas como algo nuevo se desconecta y es como si se diera un "reset" al modo creativo y nuevo.

11. **Toma riesgos:** no permitas que los prototipos establecidos interfieran con tus ideas, toma valor y defiende tus ideas, considéralas como un hijo/a y lucha por ellas.

12. **Haz con frecuencia cosas que te hacen feliz:** date oportunidad de tener tiempo realizando cosas que te gusten y te den felicidad, cuando estas feliz y las endorfinas se liberan en tu cuerpo, tienes un estado de ánimo positivo en el que

puedes asentar tu creatividad.

13. **Mantén limpio y organizado tu espacio de trabajo:** cuida tus cosas y mantén tu área de trabajo lo más limpio que puedas, te ayudara a no sentirte agobiado visualmente y estés relajado para que tu mente se enfoque en detalles nuevos que te den ideas en lugar de pensar que tienes que limpiar y organizar primero.

14. **Desprenderte de las certezas:** deja de ser estúpido dando por echo que sabes las cosas que van a suceder haciendo determinadas cosas, no adelantemos los acontecimientos, la mente siempre nos está haciendo perder el tiempo contándonos historias que en la mayoría de los casos no llegan a suceder.

15. **Deja de quejarte y de esperar que las cosas sean de otra manera diferente:** la mayor locura es resistirse a lo que es.

16. **Deja de quedarte en la comodidad de la conformidad y arriésgate:** traspasa esa cortina de miedos, dudas, desconfianza e inquietud que la vida nos pone delante de las cosas buenas para nuestros procesos.

17. **Piensa divergentemente en varias direcciones:** separa

ideas para abarcar aspectos relevantes, esto extraerá de tu interior todo el potencial intrínseco que todo ser humano posees y que pocos manifestamos en su totalidad aún.

18. **Acepta críticas constructivas:** escucha con atención y sin tomarte personalmente las críticas o aportaciones de otras personas.

19. **Dale valor a tu imaginación más que a tu conocimiento:** Lo cual nos recuerda una frase muy celebre de Albert Einstein que dice "Sólo la imaginación es más importante que el conocimiento.

20. **Diviértete:** Disfruta tu vida y ¡se feliz! no te afanes por lograr exprimir tu mente con ideas, diviértete y aprovecha para conectarte con tu niño interior, quién mejor que tú de pequeño con tus ideas descabelladas.

"Allí donde la vida levanta muros, la creatividad abre una salida" Marcel Proust

SABÍAS QUE…

Sabías que 3 de cada 10 personas tienen sus mejores y más creativas ideas durante sus horas de sueño y que solo 1 de cada 10 tiene más inspiración durante sus horas de trabajo, por eso Google facilita unas cabinas para dormir la siesta para sus empleados.

Sabías que viajar y vivir en otros países aumenta la creatividad por eso las multinacionales cambian a sus directivos de país con frecuencia.

Sabías que según un experimento de Anna Steidle las habitaciones oscuras o con una luz tenue "provocan sensación de libertad, autodeterminación y reducen la inhibición", lo que, a su vez, ayuda a fomentar el pensamiento innovador y mejorar el rendimiento creativo.

Sabías que históricamente se ha relacionado que las personas más inteligentes eran las más creativas, pero que estudios recientes demuestran que no hay una relación clara entre inteligencia y creatividad. Ejemplos claros de esto son Thomas Edison que dejó la escuela en la adolescencia y terminó patentando más de 1000 inventos.

Cualidades de las Personas más Creativas de la Historia

Soñadores: El pequeño Einstein no dio señales tempranas de genio. De hecho, fue lento para aprender a hablar, tenía un comportamiento taciturno de niño y, en lugar de jugar con sus compañeros, tendía a caminar pensativo y a soñar despierto.

Apasionados: De joven a Walt Disney le encantaba dibujar y se dedicó a ello apasionadamente. Pasaba horas en el bosque, observando a los animales, para dibujarlos después en su cuaderno.

Sentido del Humor: En una reunión social Marilyn Monroe se cruzó con Albert Einstein, ella le sugirió lo siguiente: "Qué dice profesor, deberíamos casarnos y tener un hijo juntos. ¿Se imagina un bebe con mi belleza y su inteligencia?. Einstein muy seriamente le respondió: "Desafortunadamente temo que el experimento salga a la inversa y terminemos con un hijo con mi belleza y su inteligencia.

Irónicos: En cierta ocasión le preguntaron a Walt Disney cómo llevaba eso de ser una celebridad. "Nunca me ha ayudado a hacer una buena película o dar un buen golpe en el polo, o a que mi hija me obedezca. Ni siquiera me sirve de nada con las pulgas que infestan a mis perros", respondió.

"No es posible resolver los problemas de hoy con las soluciones de ayer" Roger Van Oech

Abre tu mente a las posibilidades infinitas, sigue tus corazonadas pues están son tu creatividad tratando de decirte algo, muchas de las mentes más creativas de la historia consiguieron sus objetivos porque no creían que fuera imposible.

Se trata de pensar en lo que todavía nadie ha pensado sobre aquello que todos ven, así serás capaz de solventar sistemáticamente los problemas de una forma imaginativa y divergente.

Saca a tu niño interior a menudo a expresarse, pues una persona creativa es un niño que ha sobrevivido.

Haz nuevas preguntas constantemente, asegúrate que tus ideas parezcan locuras en al menos un momento del proceso, intenta lo que aún no se ha intentado y conseguiráss ver los sueños en vez de fragmentos, como una película completa.

Y sobre todo y ante todo, diviértete, disfruta y juega con tu creatividad. Es uno de tus muchos poderes para emprender !!!

Capítulo 5

Trabajo en Equipo

Mauro Danzi - Argentina

Hay tareas que puede realizar una persona sola (por ejemplo, lavar un auto). Pero hay tareas más complejas que exceden las posibilidades de lo que un individuo es capaz de llevar a cabo solo (por ejemplo, fabricar un auto). En estos casos se impone la necesidad de trabajar en equipo.

El trabajo en equipo sirve, pues, para acometer tareas que por su complejidad no pueden ser completadas por una única persona. Y consiste en dividir las tareas complejas en distintas subtareas, que serán desarrolladas cada una por una persona distinta. Cada una de estas tareas individuales tendrá sus propios objetivos, los cuales serán, a su vez, medios para la consecución de los objetivos globales del grupo.

Un equipo de trabajo no es una mera suma de personas: no se trata de apilar, acopiar o amontonar los resultados de las tareas individuales como quien apila cajas en un depósito. Las distintas tareas están interconectadas y se influyen mutuamente en una dinámica interactiva. Por esta razón, el trabajo en equipo no supone un simple acopio de individualidades sino una interacción sinérgica entre sus integrantes. Así como el organismo no es la suma de brazos, piernas, cabeza y demás partes, sino un todo integrado, interconectado y de funcionamiento armónico, lo mismo sucede con los equipos de trabajo: son "cuerpos" de trabajo en los que cada parte es esencial y repercute en el funcionamiento de las demás partes y del todo.

En el ámbito de la empresa y de las organizaciones en general, la necesidad del trabajo en equipo constituye la regla más que la excepción.

Armado del equipo de trabajo

La etapa de armado de un equipo de trabajo es muy importante y debe llevarse a cabo con mucha responsabilidad y compromiso.

El primer paso —y fundamental— es formar el equipo de modo que todos sus integrantes estén motivados y comprometidos en trabajar por la consecución del objetivo común.

Una vez que se formó el equipo, es hora de fijar una serie de objetivos concretos, de modo que cada miembro sepa cuál será su actividad personal; así podrá lograrse una sinergia del conjunto. Es fundamental lograr un acuerdo acerca de la forma en la que se desempeñarán las funciones y actividades, para que éstas se integren como una totalidad y no queden en esfuerzos aislados. El líder del equipo debe crear confianza y compromiso en el grupo, para poder obtener un clima laboral que favorezca la armonía en las relaciones interpersonales entre los integrantes.

Cada miembro de un equipo tiene capacidades, habilidades y cualidades individuales que podrán ser aprovechadas para analizar las fortalezas y debilidades del conjunto. Cada persona debe ser reconocida por su esfuerzo individual, ya que si se descuida este aspecto, se generará una frustración en el individuo; el reconocimiento, en cambio, genera motivación y deseo de pertenencia.

Funciones del equipo

Una característica fundamental de la estructura de un equipo de trabajo es la relativa independencia de las tareas realizadas por sus integrantes. Por esta razón, y con la finalidad de que estas distintas tareas se ensamblen en un todo armónico y coherente, es necesario que el equipo desempeñe una serie de funciones.

En primer lugar, hay que definir los objetivos grupales, y sobre esa base planificar el trabajo a realizar, estableciendo los objetivos individuales de cada integrante, ya que su cumplimiento será esencial para el logro de las metas comunes.

Se deben analizar los costos de funcionamiento del grupo, así como los gastos que se deban afrontar para la ejecución de sus tareas, y a partir de dicho análisis organizar los correspondientes presupuestos, de acuerdo con las necesidades de la organización o empresa.

Con el fin de coordinar y supervisar los avances individuales y evaluar la marcha equilibrada y complementaria de las tareas desarrolladas por los distintos miembros, hay que organizar reuniones periódicas del equipo, que permitirán redefinir tareas, corregir eventuales errores y afrontar imprevistos.

Asimismo, es necesario establecer normas internas que sean aceptadas como legítimas y razonables por todos los miembros del equipo, y cuya finalidad será la de controlar y supervisar el comportamiento y la productividad de cada uno de ellos.

El control y la evaluación de los resultados y la productividad permitirán mejorar el desempeño y servirán para corregir errores, tanto a nivel individual como grupal.

Todo miembro del equipo debe estar dispuesto a corregir la manera en que trabaja en caso de que ello resulte necesario para incrementar la productividad y de este modo lograr los objetivos propuestos.

Los objetivos individuales y grupales deben estar claramente establecidos y ser fácilmente comprensibles por todos. Deben ser realistas y todo el equipo tiene que estar de acuerdo en el compromiso de trabajar para lograrlos

Características de un equipo de trabajo

Un equipo no es una mera agrupación de personas. Para poder decir que un grupo de personas está trabajando en equipo, dicho grupo debe reunir una serie de características.

En primer lugar, debe acordar un objetivo común que sea compartido por todos, que les guste a todos, en el cual todos crean, y en pos de cuyo logro todos tengan el deseo de trabajar. Además, el equipo debe estar organizado de manera que se puedan dividir las tareas para distribuirlas entre los distintos miembros, coordinarlas y ordenarlas, siempre teniendo a la vista el objetivo grupal.

Cada miembro debe saber de qué manera sus acciones y comportamiento influyen y repercuten en el grupo como un todo y en cada uno de los demás integrantes, y debe tener conciencia de qué acciones suyas pueden perjudicar a otros miembros. Debe aceptar, además, que un equipo no se forma de la noche a la mañana, sino que su construcción es un proceso que requiere mucho tiempo.

Un equipo bien constituido es resultado del trabajo de todos sus integrantes. Es necesario que todos contribuyan a buscar las herramientas para la creación de un buen clima laboral y esforzarse en conseguirlo, con el fin de lograr que cada miembro pueda tener un crecimiento tanto en lo profesional como en lo personal.

Es fundamental generar canales de comunicación que permitan a los miembros de la organización mantenerse en contacto permanente, y organizar encuentros mensuales o semanales para reunir a todo el grupo con el fin de planear las actividades y los proyectos y objetivos del conjunto, así como proponer nuevos objetivos cuando resulte conveniente.

Finalmente, resulta muy importante la capacitación —tanto individual como grupal—, para lo cual se recurrirá a profesionales especializados, con el objetivo de lograr que cada miembro esté en condiciones de planear y controlar sus propias actividades y resultados.

Claves para el éxito del equipo

Formar un equipo de trabajo no es, por sí solo, garantía de éxito.

Para que el equipo consiga resultados positivos debe satisfacer una serie de condiciones. Así, sus miembros deben estar abiertos a aceptar nuevas ideas y deben poder adaptarse a los cambios; y el grupo debe tener la capacidad de compatibilizar las características de personalidad de cada uno de sus integrantes.

El compromiso es el elemento fundamental en el armado de todo equipo, ya que cuando un colaborador no se compromete con el equipo, se transforma en un problema. La crítica constructiva es una herramienta que, además de favorecer la comunicación dentro del grupo, permite una mirada sobre las tareas y objetivos desde un abanico de puntos de vista y promueve la generación de nuevas alternativas.

El autoconocimiento es la habilidad y capacidad de cada persona de tomar conciencia de sus propias fortalezas y debilidades, lo que le permitirá saber qué cualidades debe trabajar, tanto para hacer crecer las cualidades positivas como para minimizar las negativas e impedir que estas últimas interfieran negativamente con su trabajo. Este crecimiento hará que sepa utilizar sus cualidades de la mejor manera en lo referido al beneficio del equipo de trabajo.

La responsabilidad es un valor ético que debe estar presente en la totalidad de la organización, ya que cuando todos actúan responsablemente, se genera un clima laboral de confianza, en el que cada uno de los colaboradores pone lo mejor de sí para el beneficio colectivo. Por esta razón, dentro de un equipo de trabajo la responsabilidad debe ser la característica más valorada y mejor recompensada.

Para obtener resultados positivos, la clave está en contar con un clima laboral positivo. Si no se satisface esta condición, decae el ánimo de los miembros, y ello influye de modo directo (y negativamente) primero en el rendimiento individual, y luego en el colectivo.

Un buen integrante

En todos los equipos de trabajo hay buenos y malos colaboradores y miembros. Pero sólo un buen miembro logra crecer personalmente y sumar dentro del grupo.

Un buen integrante da prioridad a las necesidades, expectativas y objetivos del equipo de trabajo.

Se expresa verbalmente en plural, y sus acciones van siempre en la dirección que favorece al conjunto.

Es una persona dispuesta a afrontar diversas situaciones, siempre que ello resulte necesario para la consecución efectiva de las metas del equipo.

Está dispuesto a brindar información e ideas, y a no escatimar esfuerzos, por lo que los demás lo perciben como una persona madura, segura de sí misma y con deseos de crecer.

Acepta la diversidad y sabe lo enriquecedor que resulta el intercambio de ideas, experiencias, conocimientos y habilidades con los demás miembros del equipo y de la organización en general.

Se lo percibe como una persona activa que participa de manera constante y continua en la búsqueda de mejores alternativas para el logro de los objetivos. Y se empeña en encontrar alternativas para maximizar la eficiencia en el desempeño individual y grupal, lo que lo convierte en una influencia positiva dentro del equipo.

Funciones del Líder

Todo equipo necesita un líder, del mismo modo que toda orquesta sinfónica necesita un director. Un líder no puede ser cualquier persona. Por eso, además de tener cualidades personales muy positivas para ser aceptado por el grupo, debe cumplir determinadas funciones si se quiere que el trabajo colectivo llevado adelante por el grupo sea también positivo.

Un líder debe capacitarse constantemente en relaciones humanas, y estar muy actualizado para poder mantener al grupo comprometido y motivado en los objetivos grupales.

Es capaz de medir y evaluar los resultados individuales y grupales, no con intenciones de elogiar méritos ni descalificar deméritos, sino centrándose en los resultados que va logrando el equipo, lo que potenciará la productividad del conjunto.

Sabe llevar el control del plan de trabajo y optimizar los tiempos, ya que el tiempo es uno de los recursos más valiosos con los que contamos para lograr resultados.

El líder debe saber orientar a cada miembro sobre cómo potenciar sus aspectos positivos y corregir sus aspectos negativos, de modo de equilibrar la participación de cada individuo dentro del grupo.

Debe ser responsable y saber cómo enfrentar los conflictos que se produzcan dentro del grupo, mediante estrategias que permitan generar un clima de confianza, de tal manera que todos puedan exponer los problemas que encuentren de forma respetuosa, para buscar la mejor manera de solucionarlos.

Es hábil en el manejo de las relaciones humanas, lo que le permite generar un clima laboral positivo, ya que sabe que el bienestar dentro del grupo es un factor fundamental: cada integrante tiene que sentir la confianza depositada en él, condición esencial para que pueda crecer como ser humano dentro del equipo.

Y finalmente, el líder debe saber planear y administrar las acciones del equipo de modo de lograr que su dinámica pueda adecuarse a un ritmo de trabajo en el cual la solución de problemas y la toma de decisiones redunden en un resultado positivo.

En resumen

Un equipo de trabajo es un todo que no equivale a la mera suma de sus partes. Para que el equipo funcione y logre sus objetivos, cada uno de los integrantes debe no sólo realizar las tareas que le han sido delegadas, sino también comunicarse y cooperar con los demás integrantes.

Hay que tener muy en claro, para su éxito, de qué manera se arma y construye un equipo, cuáles son sus funciones, qué cualidades deben exhibir sus integrantes y sus líderes, cuáles son las características necesarias que debe poseer para su buen desempeño, de qué manera repercute en el grupo la formación permanente de sus miembros, y cuáles son las claves para que el equipo logre sus metas y no pierda de vista su razón de ser: cumplir con los objetivos para los que ha sido creado, así como los nuevos objetivos que puedan surgir a lo largo de su existencia.

Capítulo 6

Autoestima - Dejando de ser Invisible

Diego Salazar - Guatemala

"No digas no puedo, ni en broma, porque el inconsciente no tiene sentido del humor, lo tomará en serio, y te lo recordará cada vez que lo intentes" Facundo Cabral

Seguramente, alguna vez se ha preguntado, ¿Qué hace falta para conseguir que sus sueños se hagan realidad?, una pregunta muy común pero a la vez muy profunda. Recuerdo hace algunos años atrás, cuando todavía era un joven que iniciaba su travesía de emprendedor y con un escaso panorama de lo que realmente quería lograr obtener de ese emprendimiento, sabiendo nada más que quería algo diferente, básicamente quería dejar de ser invisible para mi familia, mi círculo de amigos e incluso para la sociedad, sin saber que todo esto estaba atado a la percepción que yo tenía sobre mi persona, en especial todo se basaba en cuales eran mis creencias, mis mitos, mis costumbres etc. Y es allí, cuando descubro que el filtro que tomaba el control sobre lo que yo quería creer sobre de mí y no en lo que los demás creían de mi era el autoestima.

Su estima está conectada con todas las capacidades humanas que tiene y por consiguiente, debe estar consciente de ellas principalmente de sus fortalezas, debilidades y cualidades. Para así poder restablecer sus límites, buscar el equilibrio en todas las áreas predominantes de su vida y poder generar un motor que le permita llevar su emprendimiento de mapas mentales a situaciones reales.

Es por eso que considero a la autoestima como el filtro, no solo de un emprendedor sino también a nivel personal, para poder saber realmente quien quiere llegar a ser y tener con claridad sus sueños y metas sin importar cuales sean las percepciones de las personas que le rodean.

"El 90% de los pensamientos son falsos"

Quiero explicarle el valor que tiene la actitud ante la vida y como usted se estima como persona, reconociendo que usted es 99% actitud en todas sus acciones, así que le contaré brevemente una historia personal que marcó mi vida en su momento y le permitirá visualizar la función de la actitud en su vida.

De repente estaba involucrado en una tormenta de emprendimiento que había iniciado hace algunos años atrás, el gran salto como emprendedor, el comprar una franquicia como parte de la expansión y crecimiento que quería experimentar. Cuando en realidad, meses después, todos los sueños se habían convertido en una tormenta de deudas, presión, desgaste económico y emocional. Prácticamente, estaba quebrado financieramente y destrozado emocionalmente, veía poca esperanza de continuar con mis sueños y anhelos. Pero un día me dedique tiempo a meditar sobre lo que había sucedido y que era lo que me había llevado al caos, lo que logre descubrir fueron varios aspectos que han marcado la diferencia en mi vida a partir de aquellos días como emprendedor me han hecho trascender y evolucionar en todas las áreas de mi vida, así que quiero compartir con usted algunos de estos pilares como consejos.

Es fundamental un cambio de actitud para todas las situaciones de la vida, una actitud de positivismo y visión sin importar las circunstancias, el saber ver "La otra cara de la moneda". Luego el entender la importancia del trabajo en equipo y estar claro que la unión hace la fuerza, y el tercero el no precipitarme más de la cuenta y generar falsas expectativas, debe ser cauteloso y eso no quiere decir lento o síntoma de inactividad si no por el contrario es saber llevar y manejar el tiempo reconociendo que todo es un proceso en la vida y si nos precipitamos las consecuencias no serán del todo satisfactorias.

Me gusta romper con el mito de que hay personas que tienen autoestima y otras no, más bien estoy convencido que usted siempre tiene autoestima puesto que esta forma parte de su yo interno controlado por su sub consciente, el panorama del estado en que se encuentra su autoestima es realmente lo importante.

¿La tiene usted en un estado pasivo o activo?.

En el estado pasivo usted es un espectador de su propia vida. Solo ve como llegan y pasan las circunstancias aceptando todo tal y como es sin importar lo que realmente usted desea ya que ha encontrado allí un refugio para autosabotearse con conductas erróneas que le permiten estar dentro de su zona de confort, esa zona donde todo es mejor si tiene que hacer el mínimo esfuerzo o donde sus capacidades están limitadas en este lugar donde su ego se vuelve predominante ya que su única referencia es lo que usted cree. Como emprendedor este ego puede llegar a convertirse en su peor enemigo ya que provocara en usted únicamente decisiones impulsivas conducidas a atraer más miedos que al ver que no le están saliendo las cosas como usted esperaba, había ya creado escenarios falsos fundamentados en sus miedos.

También en este estado otra de las principales ataduras es la validación. ¿Está usted esperando la aprobación de otros para tomar decisiones o para ser un emprendedor exitoso? Todas las personas por lo general tienen la tendencia de hacer dependiente su realización personal de la aprobación de las personas que le rodean más bien le podría decir que estas personas les llamo emprendedores que nunca dieron a luz, ya que se quedaron esperando la validación o el sí de alguien.

En los años de mi vida como emprendedor y líder he tenido la oportunidad de interactuar con muchas personas acerca de sus sueños y aspiraciones en la vida me he encontrado con un común denominador, casi un 95% de ellos y ellas siempre sacan a luz una idea de negocio que han tenido rezagada durante mucho tiempo y puedo admitir que todas son ideas fantásticas incluso algunas nunca me hubieran pasado a mí por la mente, también es curioso que estas personas van desde jóvenes de 18 años hasta adultos de 60 años. Prácticamente podría decirle que todos los seres humanos nacemos siendo emprendedores, la diferencia es que a lo largo de la vida unos dan a luz y otros no, recuerdo cuando yo recién cumplía mis 19 años siendo ya un joven universitario y necesitaba generar ingresos para cubrir mis gastos personales por lo que era el momento de tomar una nueva decisión para mi vida, buscar un trabajo fijo o iniciar un negocio.

Al llegar aquel día de finalmente decidí buscar un trabajo como empleado y enviar varias solicitudes, al cabo de dos semanas recibí la primera respuesta era para una institución financiera, me dijeron las reglas del juego y tenía que dar una respuesta al día siguiente así que me fui todo el camino de regreso a mi casa pensando que hacer, por una parte era una oportunidad pero por otra sentía que estaba desperdiciando el dar a luz al emprendedor que tenía adentro. Al llegar a mi casa hable con mis padres y les cuento la noticia y luego les hago una pregunta tentadora

¿Cuánto me pueden prestar para iniciar mi propio negocio? Por supuesto me dijeron menos de la cantidad que yo esperaba, pero sin embargo la acepte y les dije lo tomo solo déjenme pensar en algo que se adecue al presupuesto. Fue así fue cómo surgió mi primera empresa un car wash a domicilio. Hoy estoy claro que si aquel día no hubiera tenido el valor de tomar la decisión de arriesgarme y aventurarme por dar a luz mi emprendimiento seria otro más a la lista de los emprendedores que nunca dieron a luz y entraría en la lista de los rezagados teniendo el talento por esperar que otros me dieran el sí.

"¿Cómo despega un avión? Con el viento en contra; no necesitas tener todo a favor en la vida para iniciar tu emprendimiento."

Por último en este estado le hablare del rechazo pero no solo externo sino que también el interno que tiene que ver con el rechazo de su potencial y su capacidad. Ya que muchas personas han elegido permanecer en el "status Quo" rechazando permanentemente sus capacidades y no lograr avanzar hacia sus objetivos por haber colocado la barrera del rechazo dentro de sus esquemas mentales.

"Un hombre no puede estar cómodo sin su propia aprobación."
Mark Twain

Ahora bien en el estado activo el comportamiento de su autoestima se caracteriza que usted se mantiene en un cambio constante debido a que tiene algo que le impulsa al desafío constante y es donde llega a convertirse en el protagonista de su propia vida. Todas las personas necesitan finalmente un motor que los mueva a hacer aquello que desean, para el emprendedor es de vital importancia conocer cuál es el motor que tiene constantemente en actividad su actitud. Sin duda alguna el motor de cualquier emprendedor es su capacidad de crear, él se interesa por crear constantemente productos o servicios que puedan ser un aporte a la necesidad del momento, se interesa también por hacer que se abran nuevas brechas y que muchas veces se diseñen cosas que eran inexistentes. Se vuelve de alguna manera un desafío constante para sí mismo el saber que tiene que preparar nuevas ideas, para ser creativos debemos tener nuestra mente abierta y no permitiendo que los paradigmas sean esas barreras que nos impidan tener una visión clara.

Si quiere mantener su autenticidad de emprendedor no puede permitir que este motor se apague o empiece a tener fallas, para que eso no suceda le recomiendo que le de mantenimiento, inyéctale disciplina diariamente, mide su pro actividad, cambia regularmente su visión y auméntala, engrásalo de perseverancia y lávelo con actitud positiva.

También en este estado usted está dispuesto a romper paradigmas mentales que le han impuesto y a la vez sustituirlos por nuevos. Le permitirá avanzar hacia una nueva dimensión ya que usted pensara en imágenes para ser un generador de ideas.

"Toda persona debe decidir una vez en su vida si se lanza a triunfar, arriesgándolo todo, o si se sienta a ver el paso de los triunfadores." - Thomas Alva Edison

Recuerdo la primera vez que escuche la historia de Thomas Alva Edison en la escuela primaria cuando la maestra le pregunta
¿Thomas que numero es este que está en el pizarrón? Era un número "7" y él le responde pues puede ser una ala, un destapador, un triángulo incompleto... no se maestra veo muchas opciones. Eso es exactamente le sucede a un emprendedor su nivel de creatividad es muy particular y excepcional, logra visualizar cosas que las personas comunes no logran, tiene la capacidad de estructurar sus ideas imaginando los escenarios. Es allí donde notara que los niños que están en la escuela primaria si tienen el talento de ser emprendedores o si tendrán que desarrollarlo para poder serlo.

No hay nada más favorable para cualquiera que quiera emprender que lograr trasladar sus ideas y proyectos a imágenes porque es allí donde se logra visualizar como que estuviese ya en la jugada, además esto le permite de alguna manera reducir en un porcentaje alto los niveles de riesgo de la idea porque es allí donde descubre variables que no logramos ver cuando hacemos un plan de negocios, es allí donde se rompen los paradigmas ocultos y los mitos que han estado atados.

Recuerda cuando usted era solo un niño y hacía el juego del banquero, del supermercado, de venta de pasteles etc. Definitivamente entre más lo imaginemos mejores ideas vendrán, menor será el riesgo, pero sobre todo tendrá la certeza que es el proyecto correcto en el cual está emprendiendo. Esto afirmara positivamente su yo interno y por consiguiente su autoestima.

Las imágenes son la herramienta no explotada en el máximo potencial en el siglo pasado, recuerde que el cerebro procesa todo en imágenes, y las tendencias tecnológicas lo están llevando por el mismo rumbo.

Otra de las conductas importantes para permanecer en este estado es aprender a generar confianza y respeto con sus círculos de influencia ya que es la única manera que lo haga también con usted mismo pues no puede dar o hacer lo que no tiene, esa confianza y respeto le permitirán que confiar en sí mismo y sus ideales, otorgándole el permiso a su autoestima de superación y acción.

Quiero concluir entregándole lo que yo llamo las 4 "P" del emprendedor como un engranaje clave para que su autoestima y la manera en que emprenda se mantengan en sinergia ya que estos cuatro eslabones permiten mantener una buena percepción de usted y su emprendimiento.

Las 4 "P": Paciente, Proactivo, Pionero y Persuasivo.

1. **Paciente:** El emprendedor que tiene un éxito congruente y duradero aquel que ha aprendido a esperar, tomando en cuenta que esta consiente de la importancia del principio de la siembra y la cosecha. Es muy importante que el emprendedor sepa que para poder construir sus sueños debe ir paso a paso.

2. **Proactivo:** Sin el control sobre sí mismo será imposible para usted perdurar, ya que debe ser responsable de sus propios actos y asumir tanto los éxitos como los fracasos, el mantener el equilibrio en todas las áreas de la vida es parte del éxito del emprendedor, saber controlarse a sí mismo lo hace tomar decisiones acertadas en lo que realiza.

3. **Pionero:** Es en este eslabón donde el éxito se presenta

prontamente, llegar primero siempre va a ser una ventaja en cualquier cosa que haga no digamos en algo tan importante y competitivo como lo es el emprendimiento y los negocios. Cuando un emprendedor se caracteriza por ser pionero aumentara sus posibilidades de éxito significativamente.

4. **Persuasivo:** Uno de los retos más difíciles para el emprendedor es realmente que este convencido y convencer a otros de sus ideales, creencias y potencial. Es la etapa de inicio del cualquier emprendedor esto se hace más complejo, incluso es aquí donde tiene que permanecer fuertemente aferrado a sus creencias ya que en estos momentos estará sujeto a críticas y ataques por parte de los que aún no confían que siempre serán la mayoría. Por supuesto hasta que usted demuestre lo contrario.

Capítulo 7

Liderazgo Verdadero

Alan Alanís – E.U.A.

El verdadero liderazgo se sustenta en el amor
Creer en uno mismo, para ser líder

Cuando me pidieron que escribiera un Capítulo sobre Liderazgo para esta obra, pensé "¿Quién soy yo para escribir sobre ese tema?" Si ni cargo tengo de jerarquía en la Red Mundial de Conferencistas, si soy un simple miembro de esta organización.

Después me di cuenta que sin saberlo, ya tenía un liderazgo informal en esta organización con la trascendencia que han tenido mis ideas en colegas conferencistas, y en la Editorial de nuestra organización representativa de los conferencistas profesionales de habla hispana, con la que ya tengo tres libros publicados, siendo esta mi primera participación en una de sus compilaciones, convirtiéndome sin si quiera percatarme en autor líder. Como escritor, me he convertido en emprendedor de mis letras, con el apoyo de Editorial Viva.

Si según la creencia judeocristiana, en aquel texto de la Biblia, Moisés dijo a Dios, "¿Quién soy yo para ir a Faraón, y sacar a los hijos de Israel de Egipto?" Si aquel hombre que se consideraba alguien humilde, pudo ser líder de masas, vi que fácilmente podría escribir un capítulo de liderazgo en el que comparto mis ideas sobre el tema y algunas experiencias dentro y fuera de la Red Mundial de Conferencistas que me han hecho ver y experimentar lo que es el verdadero liderazgo, para convertirme en un emprendedor de mis proyectos personales. También me di cuenta que tenía muchas cosas que escribir sobre el tema de liderazgo, que son perfectamente aplicadas al emprendimiento, y las palabras están fluyendo. Desde muy joven fui aprendiendo que Liderazgo es mucho más que tener un cargo al frente de personas.

De diferentes maneras gocé desde distintas trincheras lo que es el liderazgo informal. ¿Qué quiero decir con esto? Aquel liderazgo que se ejerce sin tener si quiera un puesto formal. Pero en fin, déjenme les comparto como es que he podido experimentar esto y algunas ideas importantes al respecto también de liderazgos formales que he tenido.

Una experiencia de liderazgo juvenil

Durante mis estudios de primaria, secundaria y preparatoria, tuve la oportunidad de pertenecer al equipo de Taekwondo de mi escuela, el Colegio De La Salle en H. Matamoros, Tamaulipas,

México. Fui el primer Cinta Negra graduado del club de aquella institución educativa. Otra compañera también recibió el grado de

Primer Dan conmigo, sin embargo sentía que yo poseía un liderazgo moral un poco distinto al de ella, porque además de que junto con ella recibía aquel rango, había sido parte del club desde sus inicios.

Mis compañeros me trataban como si fuera el capitán del equipo, (aunque no existía esa distinción), y me brindaron su respeto y afecto.

Recuerdo que era un joven serio, que poco a poco fue perdiendo dicha seriedad al desenvolverse y hacer muchas bromas, pero nunca la seriedad en cuanto a la importancia que le daba a mis compañeros y a mis entrenamientos. Cuando nuestro entrenador no podía asistir, llegué a dar yo la clase, desde que era cinta azúl. Invité a uno de mis mejores amigos a que fuera parte de aquel equipo: Carlitos. Llegó a Cinta Negra, incluso destacó, al igual que Álvarez otro gran amigo, más que yo como competidor. Y me dio mucho gusto verlos triunfar como deportistas, e incluso desarrollándose como líderes. Carlos destacó por ganar un torneo a nivel panamericano y por ser entrenador del club de la Universidad de Texas en Brownsille (UTB), en Estados Unidos. Y aunque pocas personas sepan esto, a mí me da mucha satisfacción haberlo invitado a entrenar a nuestro equipo y verlo crecer. Sé perfectamente que fui líder informal de mi gran amigo, así como de toda una generación de taekwondoines de aquel Colegio. También creo que tuve influencia en otros amigos que no entrenaron con nosotros en el Colegio pero tuvieron grandes logros a nivel nacional como mi amigo Damián, Ricky y su esposa Patty, que abrieron su escuela de Taekwondo. Incluso otros viejos amigos que dejaron la institución de mi profesor por alguna razón, me han seguido frecuentando, como una amiga llamada Sheila, y otro que se llama Beto, quien hace unos meses me contrató para dar una conferencia motivacional a un grupo de jóvenes que está entrenando, antes de que fueran a competir representando a Texas en un campeonato nacional, acá en Estados Unidos.

A veces tengo reencuentros con mis compañeros y nos juntamos a entrenar, cuando voy a mi pueblo de vacaciones. Les digo entre charlas que más vale vernos una vez al año que no volver a hacerlo jamás y nos juntamos para un convivió organizado por los nuevos líderes, ya que hemos tomado muchos de nosotros, caminos muy distintos. Me he desapegado de ese medio. Ya hay nuevos liderazgos, gente más joven que nosotros que se ha hecho líder moral, o líder en cuanto a lo competitivo, que siguen siendo potenciados por nuestro admirado Profesor Oscar Ortega, Cinta Negra 5° Dan, líder de líderes en la Unión Deportiva de Taekwondo, escuela que dirige en Tamaulipas, que ha crecido exponencialmente, y en la que destacados de sus estudiantes, cintas negras, han abierto sus propias academias o ganado importantes competencias a nivel estatal y nacional.

Cuando voy a visitar a mi profesor, suele darme una calurosa bienvenida, me pide que me ponga mi cinta negra y mi uniforme, y que me ponga a patear con los nuevos chavos, que es la manera en que a él le gusta verme, además de presentarme ante ellos como uno de sus ex alumnos y mencionar un poco de lo que he hecho con mi vida, agregando que el Taekwondo nos lleva a buenos caminos. Poco le importa a este escritor y conferencista hacer lo que su maestro le pide porque disfruta los momentos en que regresa al área de entrenamiento, desempolvando viejas técnicas de combate. Sé siente muy bien la manera en que me tratan él y los compañeros con los que entrenaba. A veces tengo reencuentros con ellos, y como si no hubiesen pasado los años, aunque ya no con la misma condición de aquellos tiempos, nos ponemos nuestro equipo de protección y competimos entre nosotros ya por diversión. Y es un placer contar con la confianza y respeto de aquella vieja generación de cintas negras a la que llaman "la legendaria."

El liderazgo que aprendí en la Universidad

Las universidades donde he estudiado me han aportado liderazgo, por medio de mi participación en grupos estudiantiles y mis actividades académicas.

Tuve la oportunidad de estudiar mi Licenciatura en Ciencias de la Comunicación en el Tecnológico de Monterrey, una de las más prominentes universidades de México, que fue fundada por el empresario regiomontano Don Eugenio Garza Sada, que en paz descanse.

Entre las empresas que fundó, destaca también la compañía de bebidas FEMSA (Fomento Económico Mexicano). Para esta empresa, se encargó de supervisar la creación del ideario Cuauhtémoc, un conjunto de principios que han servido de inspiración para los trabajadores de esta institución, que les voy a compartir a continuación:

"1. Reconocer el mérito de los demás, 2. Controlar el temperamento, 3. Nunca hacer burla, 4. Ser cortés, 5. Ser tolerante, 6. Ser puntual, 7. Si uno es vanidoso, hay que ocultarlo, 8. No alterar la verdad, 9. Dejar que los demás se explayen, 10. Expresarse concisamente, 11. Depurar el vocabulario, 12. Asegurarse de disfrutar el trabajo, 13. Reconocer el enorme valor del trabajador manual, 14. Pensar en el interés del negocio más que en el propio, 15. Análisis por encima de la inspiración o de la intuición, 16. La dedicación al trabajo, 17. Ser modesto" (Garza Sada)[1]. Me encontré con este ideario de una de las empresas que este hombre fundó, adornando los escalones del Centro Estudiantil de la universidad, que aloja los grupos de liderazgo estudiantil y sociedades de alumnos, y mucho me inspiraron las ideas de este hombre. El Tecnológico de Monterrey y las ideas de su fundador, me han aportado una positiva manera de ver la vida.

Me han enseñado que en el liderazgo es importante regirse por principios, además de la participación activa en grupos comunitarios.

En esta institución, además de capacitarme como Lic. en Ciencias de la Comunicación, donde aprendí cuestiones de Comunicación Organizacional y Audiovisual; tuve la oportunidad de ser Vicepresidente de mi carrera. Como Vicepresidente, le comento a Daniela, que era la presidente, a manera de broma, que como presidenta y vicepresidente, éramos como novios, pues mu función era ser su mano derecha en todas las actividades. En la gestión que tuvimos, recuerdo en particular un evento académico del que fui Coordinador General. Recuerdo haberlo realizado con mucha pasión. Se trata de una entrega de reconocimientos en los que reconocimos a distintos estudiantes destacados de la carrera de

---

[1] Garza Sada, Eugenio. "FEMSA. Quiénes Somos" FEMSA. Web. 28 Nov 2013. <http://www.femsa.com/es/about/philosophy/formulario-ideario.php>.

diferentes áreas como lo son la Fotografía, el Diseño Gráfico, la Comunicación Organizacional, entre otras categorías.

El evento se llevó a cabo tres semestres seguidos. Tuvimos la oportunidad de descubrir grandes talentos que fueron reconocidos por nosotros, enfrente de sus compañeros y maestros en el intermedio de la presentación de cortometrajes realizados por alumnos de la clase de cine del Profesor Jesús Torres, quien es toda una institución en la enseñanza de la Producción Audiovisual en Monterrey. Recuerdo que otros profesores que nos acompañaron y apoyaron en nuestros eventos fueron quienes en su momento fueron directores de carrera, Daniel Cabrera, y Manuel Ayala, quien en ese entonces era Director de Carrera, y ha trascendido tanto que las nuevas sociedades de alumnos siguen reconociendo su todavía liderazgo, ahora informal. Aquel evento era académico. También organizamos eventos recreativos como una "Ranchada" en la que los alumnos de la carrera tuvieron una convivencia y una gran fiesta, donde los alumnos de nuevo ingreso tuvieron oportunidad de integrarse. Sin duda el evento que más recordaré será el Congreso Internacional de Comunicación RENDER que aquel año mi mesa directiva organizó. Uno de los conferencistas invitados fue Javier Solórzano, Premio Nacional de Periodismo en México.

El pertenecer a mi sociedad de alumnos me enseñó a trabajar en equipo, a ser paciente y no perder los estribos cuando las cosas no salían como queríamos, a hacer cosas extraordinarias en poco tiempo con los recursos de que disponíamos.

Actualmente hago mi Maestría en Filosofía y Ética Aplicadas en la Texas State University debido a que siempre quise combinar la comunicación con las ideas. Esta universidad ubicada en San Marcos, Texas me ha dado gran legitimidad, liderazgo y profundo aprendizaje en el mundo académico. Con decirles que estoy escribiéndoles esta parte del capítulo desde un avión en el que viajo a La Habana, Cuba, donde mi actual casa de estudios me envió en calidad de investigador y conferencista para dar una ponencia sobre el pensamiento en Latinoamérica.

Diferentes Departamentos de mi actual casa de estudios han confiado en mí para patrocinarme todos los gastos de viaje y hospedaje, así como la Universidad de La Habana, donde en unos días estaré dando mi conferencia.

Tanto el Tec como Texas State, están dándome liderazgo no sólo en el mundo de las conferencias motivacionales que doy, sino que también me da credenciales en el mundo de la Academia y la Investigación.

Exhorto a todos a que tengan, además de educación informal por medio de cursos, y certificaciones, educación rigurosamente académica, (Licenciaturas / Ingenieras / Arquitecturas,

Especialidades, Maestrías y Doctorados) que les brindará prestigio profesional así como un conocimiento mucho más profundo, que independientemente del área académica que elijan, les aportará una mente abierta y un mejor entendimiento de las cosas. La educación nos proporciona liderazgo en los mundos profesionales en que nos desempeñamos, e incluso la oportunidad de recibir mejores ingresos además de abrirnos la mente.

Mis experiencias de labor social

Fuera de la universidad, durante mis estudios de Licenciatura, tuve la oportunidad de participar en actividades de labor social donde aprendí habilidades de liderazgo. Entre ellas, serví como co-coordinador de un programa llamado Soñar Despierto, donde fui durante un año a distintos sitios de Monterrey, llevando a niños a parques de diversiones y lugares recreativos, donde al mismo tiempo que se divertían, les enseñábamos valores como el respeto, la responsabilidad, el compañerismo, patriotismo, entre otros. Preparamos mis compañeros y yo las actividades de los niños, así como su comida, y personalmente conviví con los participantes durante todo el proceso.

Otra actividad que hice fue el dar pláticas en primarias sobre el calentamiento global, haciendo consciencia en los niños de maneras sencillas. También recuerdo con mucho cariño mi participación en un Campamento llamado RECREA, organizado por la Federación de Estudiantes de la Universidad, en la que algunos estudiantes ayudamos con clases de Ecología, Deportes, Arte y Valores, con el objetivo de que los niños de la Comunidad "El Realito" en Guadalupe, Nuevo León, México, se sensibilizaran y se orientaran a ese tipo de actividades, en medio de una sociedad mexicana en la que los carteles de drogas reclutan a muchos jóvenes a ser parte de actividades ilícitas. Fue grandioso ver a niños que eran tremendamente traviesos interesarse por actividades nobles canalizando su energía de maneras positivas.

Otra actividad voluntaria que tuve la oportunidad de hacer, fue irme de Brigadas dos años seguidos durante la Semana Santa. En estas brigadas fueron organizadas por la organización VALIA que se encuentra en San Pedro Garza García, Nuevo León. Los lugares a los que me fui de brigadas fueron Arteaga, Coahuila y Fomerrey-Cadereyta, Nuevo León, en México.

En estas brigadas, además de dar pláticas sobre higiene y valores a niños y adultos; ayude en la construcción de pisos en casas que lo necesitaban. Recuerdo una señora pidiendo que le pusiéramos su piso. Cuando entré a su casa, esta señora si contaba con uno. Pero en realidad lo que quería era que pasáramos a platicar con ella. Me contó a mí y a dos compañeros, mientras salieron algunas lágrimas de sus ojos, como su ex marido la había dejado con 2 hijos que también nos presentó. Le reconocimos el esfuerzo que hace por sus hijos, le motivamos a seguir adelante, y nos agradeció, pues lo único que quería era compartir su experiencia. Ese fue el momento que más me marcó durante las brigadas.

Todas estas actividades de labor social me hicieron ver cara a cara la desigualdad social que existe en mi país. Puedo comentar que aprendí mucho más de la gente que ellos de mí, aunque mucho necesitaban de los recursos y apoyos concretos que mis grupos ofrecieron de distintas maneras y los mensajes de superación y cultura del esfuerzo y trabajo que les llevamos. También aprendí con mis compañeros a liderar, tratando con niños y adultos, participando como coordinador de distintas actividades.

Mi experiencia en Toastmasters

Otra institución en la que he aprendido Liderazgo es Toastmasters Internacional. Esta organización podría servir como un lugar para que los miembros de la Red Mundial de Conferencistas practiquen sus habilidades de comunicación oral semanalmente, como un complemento a los aprendizajes obtenidos en la Red.

Las sesiones de esta organización consisten en dos partes. En una de ellas, el socio (así se llama a los integrantes de un Club Toastmasters) puede hacer un discurso preparado y presentarlo. En la otra parte, un moderador, maestro de ceremonias o "Toasmaster de la noche/tarde" prepara preguntas para que los miembros del club practiquen sus habilidades para hablar en público de manera improvisada. Para los discursos preparados te dan un manual básico en el que aprendes todo lo que hay que saber para hablar en público. Después puedes tener manuales avanzados en los que se explica de manera simple como dar un brindis, decir un discurso de entretenimiento para hacer reír o bien un manual de Relaciones Públicas, etc.. También está un manual básico de liderazgo en el que el socio tiene la oportunidad de hacer pequeñas actividades de liderazgo como lo son tomar el tiempo de la presentación de uno de los compañeros, dar la retroalimentación de un discurso; entre otras actividades, cerrando el este manual con la organización de un evento que puede ser la organización de un concurso de oratoria.

También en esa organización tienes la oportunidad de tener un cargo de liderazgo. Durante el 2012 fungí como presidente de mi club, preparando un plan de trabajo y con el apoyo de una mesa directiva lo llevé a cabo. La sede mundial de la organización reconoció mi club al final de mi gestión como "Club Distinguido del Presidente", máximo galardón para un club por cumplir todos sus objetivos de liderazgo durante el año.

En esta organización, además de practicar mis habilidades como orador, aprendí por medio de mi presidencia a liderar enfocado a objetivos. Debo confesar que al principio sentí raro el hecho de liderar a gente que me doblaba o incluso triplicaba la edad, pero fue magnífico el trabajo en equipo que se generó y el hecho de cumplir eficazmente con el plan de trabajo que presenté antes de ser electo presidente. También en esta organización aprendí como jóvenes y gente mayor podían generar un ambiente muy positivo para el aprendizaje y el liderazgo.

Tener una filosofía compartida

De acuerdo con Edgar Schein, teórico de la Comunicación Organizacional, la Cultura de una organización es un fenómeno grupal, de una empresa u otro colectivo de personas, en el que se comparten supuestos básicos, que pueden generar problemas de adaptación por parte de los trabajadores. En la cultura de la organización también hay objetos. El autor reconoce la importancia de que haya estabilidad consistencia y sentido en el trabajo. Schein menciona que en la cultura de una empresa hay comportamientos, valores y reglas.[2] Todo lo que ocurre en una empresa es parte de la Cultura de la misma y hay que tomarlo en cuenta. Los supuestos básicos representan lo que ocurre en la empresa que no necesariamente está establecido de manera formal que incluso podría causar confusiones. Los objetos son cosas que puede haber en una oficina o en cualquier parte de la empresa como un cuadro o bien una maceta, que se hace parte del ambiente laboral, todos los objetos que pueda haber en ella. Para que los trabajadores

---

[2] Schein, E. (1992). Cultural approaches. In K. Miller (Ed.), Organizational Communication (5th ed., pp. 88-89). Boston : Wadsworth Cengage Learning.

encuentren un sentido a lo que hacen en su empleo y que estén integrados, las empresas pueden definir valores, reglas que pueden reflejarse en la misión y visión de la empresa.

Paul Capriotti, teórico de la Imagen Corporativa, afirma que la misión corporativa es una definición de las actividades o negocio que lleva acabo una empresa. Agrega que la visión corporativa es la perspectiva a futuro de la empresa, señalando a dónde se quiere llegar como organización. Define el mismo autor los valores corporativos, la manera de hacer negocios de la empresa; especificando los principios profesionales con los que se hacen los productos o servicios y la manera en que deben actuar entre ellos los miembros de la organización.[3] (Capriotti, 2004, 66-67)

Cuando fui presidente del Club Toastmasters antes mencionado y vicepresidente de mi Sociedad de Alumnos, creamos una misión, visión y valores con los cuales operábamos durante nuestras gestiones. Aunque los clubes Toastmasters ya tienen su misión y visión, yo cree unas específicas para mi club.

Los líderes de las organizaciones crean estas características que forman parte de la cultura organizacional, o bien lo hace un consultor de comunicación. Esta declaración de misión, visión y valores ayudan a los miembros de una organización o empresa a mantener inspirados a sus miembros.

---

[3] Capriotti, P. (2204). La imagen corporativa. (pp. 66-67). Barcelona: Ariel.

Para ejemplificar la Filosofía de una organización, les presento la misión actual de la Red Mundial de Conferencistas, así como la misión, visión y valores del Tecnológico de Monterrey.

Misión de la Red Mundial de Conferencistas: "Unir, presentar y ayudar a los conferencistas profesionales en todo el mundo"[4].

Misión del Tecnológico de Monterrey: Formar personas íntegras, éticas, con una visión humanística y competitivas internacionalmente en su campo profesional, que al mismo tiempo sean ciudadanos comprometidos con el desarrollo económico, político, social y cultural de su comunidad y con el uso sostenible de los recursos naturales.

Visión del Tecnológico de Monterrey: "Formamos líderes con espíritu emprendedor, sentido humano y competitivos internacionalmente."

Valores del Tecnológico de Monterrey: "Innovación: rompemos paradigma, Visión Global: fomentamos la diversidad, Trabajo en equipo: buscamos el éxito de todos, Sentido Humano: somos solidarios, Integridad: nos comportamos de manera ética, somos honestos, austeros y congruentes".5

---

[4] Rivero, J. (2008, Enero 04). ¿Quiénes somos?. Retrieved from http://www.conferencistas.eu/somos.htm

[5] Padilla, N. (n.d.). Visión del Tecnológico de Monterrey. Retrieved from http://www.itesm.mx/wps/wcm/connect/ITESM/Tecnologico de Monterrey/Nosotros/Valores, Vision y Diferenciadores/Vision/

Como podemos ver, todo lo que hay y todo lo que pasa en un colectivo de personas es parte de su cultura. Para mejorarla, tú puedes crear la filosofía de tu propia empresa, organización, o grupo social. Eso te permitirá generar una visión compartida.

Estamos en el siglo XXI y lo que funciona hoy es el trabajo en equipo, generando un ambiente positivo.

Te invito a que generes misiones, visiones y valores, que compondrán la filosofía de los grupos u organizaciones que líderes. Ya te he comentado como puedes hacer esto, pero si se te complica o bien quieres crear una cultura bastante fuerte, puedes contratar un consultor en comunicación para que te asesore en tu empresa de manera profunda.

Tener una filosofía personal positiva

Yo creo que para lograr grandes metas grupales, hay que empezar por uno mismo. Por eso es que creo que debemos crear también una filosofía personal. Hay que ser líder de uno mismo, para lograr ser también líder de otros.

Permíteme compartirte algunos elementos de mi filosofía personal como conferencista y escritor. Espero que te sirva para crear los tuyos. Mi misión personal es llevar a cabo conferencias inspiradoras y enfocadas a resultados para instituciones de todo tipo (educativas, empresariales, sociales, etc.) en las que se ofrezcan mensajes objetivos, contundentes, sinceros, graciosos y profundos que muevan la conciencia a la acción, con un enfoque ético y humanístico. Mi visión es inspirar personas de todas partes, en auditorios y otros lugares llenos de gente que reciba mensajes que le ayuden a vivir más feliz y a comprometerse consigo misma y con los demás, para cumplir objetivos, sueños y vivir en un país mejor.

Espiritualidad en el Liderazgo

Bal Ram Nanda, biógrafo de Mahatma Gandhi, asegura que la lucha de Gandhi para la libertad la India se llevó a cabo desde un frente moral y psicológico. El autor considera que aunque Gandhi tuvo un gran rol en esta liberación política, su principal objetivo no estaba en la política, sino en la religión. Gandhi mencionó en alguna ocasión, que no podría vivir de manera real si no se identificaba con la raza humana y que esto implicaba participar en Política. Nanda menciona que Gandhi se consideraba un instrumento de Dios, no uno en especial que recibiera una revelación específica, sino que Dios se revela a sí mismo a los humanos cuando tenemos una voz interior y que Dios se manifiesta en la acción.

Gandhi dedicó su vida a la no violencia en las relaciones personales. Afirmó que es necesario cambiar uno mismo, para hacer cambios en otros, considerando que las leyes de verdad en la familia de amor y verdad, también aplican a grupos, comunidades y naciones.[6] Si reviso bien otros detalles de la Filosofía de Gandhi, encontraremos aspectos en los que estoy en desacuerdo. Me queda claro que este hombre fue un gran líder. Para él, se podían lograr cambios en el mundo desde la espiritualidad. Empezando con el frente psicológico y moral, por uno mismo. Gandhi, al lograr la Independencia de la India, nos hizo ver cómo es posible desde el interior, crear una visión colectiva de las cosas y generar un cambio enorme.

La espiritualidad nos permite imaginar, y por medio de nuestra fe, podemos planear en papel y crear con acción. Es posible generar, como líderes, que nuestro equipo de trabajo logre trabajar positivamente. Es posible emprender una idea, lograr cambios laborales y hasta políticos, por medio de la espiritualidad.

Wayne Dyer, autor de Desarrollo Humano, menciona que el filósofo chino Lao Tse, autor del Tao Te Ching, que significa la senda, base de la práctica religiosa del taoísmo, consideraba que aunque la gente tenía cerca a los gobernantes que admiraba y conocía, los verdaderos líderes de los países eran rara vez conocidos por su gente. Dyer, observa que si analizamos la Historia de la Humanidad, quienes ocupaban cargos políticos, no fueron quienes

---

[6] B.R. Nanda, Mahatma Gandhi: A Biography, (Boston: Beacon Press, 1958), 516-522.

verdaderamente produjeron cambios durante etapas como el Renacimiento; sino aquellos artistas, músicos y escritores "que escucharon sus corazones y espíritus y expresaron lo que oían, conduciendo a los demás a descubrir la voz que también vibraba en su interior." Dyer considera que el verdadero líder no necesita títulos, quien quiere títulos es el ego. Cuando eres líder verdadero, ayudas a otros a que también se conviertan en líderes, frenas tu ego y ves como otros confían en ti. El liderazgo real va más allá de privilegios y halagos. Implica la confianza que otros ponen en ti, porque eso les inspira.[7] (Dyer, 2008: 31-33). Definitivamente Wayne Dyer y Lao Tse, entendieron muy bien el concepto de espiritualidad. Podemos emprender, imaginando y creando. Podemos también ser, por medio de la espiritualidad, lideres informales, que de manera positiva influyen en las decisiones que se toman en la empresa. Te invito a que lideres cual artista, de manera bella e inspiradora. Con principios reflejados en una misión, visión y valores. Te invito a que lideres con amor. Cuando haces las cosas con amor, el liderazgo se vive mejor. Porque el líder que tiene una mentalidad positiva, de amor, transmite con alegría su filosofía y hace que pueda crear una poderosa misión, visión y valores como las de la Red Mundial de Conferencistas y del Tec de Monterrey.

---

[7] Dyer, W. (2008). La sabiduría de todos los tiempos. (2a. ed., p. 31-33). México, D.F.: De Bolsillo.

Como comunicólogo y como filósofo, les puedo decir que los Medios de Comunicación y los Sistemas de Poder nos han vendido ideas falsas de lo que es el Liderazgo. Nos han hecho creer que el liderazgo implica manipulación. Si bien el liderazgo requiere ejercer poder, —distinto a la manipulación, el verdadero liderazgo se sustenta en el amor.

Te invito a que creas en ti mismo para ser un gran líder.

Participa en grupos de todo tipo.

Si eres joven puedes formar parte de actividades deportivas, de labor social o liderazgo en tu universidad.

Si eres un poco mayor puedes hacerlo también, o participar en grupos de labor social o clubes culturales como lo son Los Rotarios, El Club de Leones o Toastmasters.

Por su puesto, si eres conferencista, participa de serte posible en las actividades de la Red Mundial de Conferencistas donde también puedes tomar distintos cursos que te harán crecer profesionalmente.

Te invito también a que te capacites de todas las maneras posibles y que te tomes muy en serio tu educación.

Estudia si te es posible además de una carrera, una Maestría y un doctorado.

Aprende de los que saben y también de la gente sencilla, donde encontrarás sabiduría más profunda que en una tesis de doctorado.

Lee mucho y cuando viajes, conversa con todas las personas que puedas y aprende mucho de otras culturas.

Como diría el cubano José Martí "Ser cultos es el único modo de ser libres."

Sé líder positivo donde quiera que vayas.

Crea culturas increíbles como hizo Eugenio Garza Sada si tienes la oportunidad.
Crea la misión, visión, valores; principios que inspiren a tu gente.

Sé cómo el maestro Jesús, palabra y ejemplo. Vive la espiritualidad como él, como Gandhi o como Dyer, fúndete en Dios, como sea que lo entiendas. Sé el amor en persona y nunca olvides que el liderazgo de verdad no se sustenta en la manipulación, sino en el amor. Inspírate, imagina, crea y se el emprendedor de tu vida. El liderazgo, en la empresa, en la política o en la familia, empieza en ti mismo.

Abrazo de paz.

Alan Alanís
Noviembre y diciembre del 2013

Capítulo 8

Internet y el Emprendedor

Ademir Lozano - México

Es indudable que hoy en día Internet se ha convertido en una muy buena opción de negocios para los emprendedores. En este capítulo desarrollo algunas ideas que servirán de guia a los emprendedores.

Para poder llevar a cabo eficazmente el trabajo en Internet para el Emprendedor es indispensable contemplar 5 aspectos:

1. Actitud
2. Productos y servicios
3. Meta y Objetivos
4. Herramientas
5. Sistema

1. Actitud:

Es muy importante antes de comenzar cualquier proyecto tener una "Mentalidad de Ganador" junto con valores y principios que te llevarán al éxito. Cuando comienzas un proyecto debes saber que puede haber altas y bajas, es por esto que la mentalidad con que tomes las cosas te permitirá resolver problemas y obstáculos así como sobre llevar los éxitos del mismo.

2. Productos y servicios:

Una vez que ya tienes definida la actitud para lograr y esforzarte en conseguir tu sueño ahora necesitas un producto y/o servicio que ofrecer, recuerda debes sobresalir sobre la competencia y esto lo puedes lograr detectando las necesidades del cliente para poder suplirlas. Para esto debes estudiar o investigar que es lo que no está logrando dar la competencia y así poder crear un producto o servicio de calidad que de lo mismo o necesario pero aportando algo más a ellos.

Un producto o servicio puede ser muy variado por ejemplo, la persona necesita escribir entonces creamos la pluma. La persona no sabe escribir aquí creamos un servicio de capacitación. Ahora no sabe dónde puede adquirir todo ello, así que creamos una tienda virtual y así sucesivamente.

Algunas Ideas

1. **Crear una tienda virtual:** Aquí puedes ser tu el dueño de los productos o simplemente crear alianzas para promocionar y vender los productos de terceros para así poder venderlos a través de internet.

2. **Realizar un centro de capacitación:** imagina un lugar donde no tengas que viajar a una universidad o algún centro de capacitación y poder hacerlo todo a través de internet, aquí el cliente ahorra inversión y lo puedes hacer desde una oficina o hasta en casa para poder comenzar.

3. **Marca personal:** poder posicionar la marca de terceros mediante la publicidad a través de la comunicación que estés brindando a todos los cibernautas, esto es de gran ayuda para las empresas.

4. **Directorio virtual:** Compartir un gran directorio para poder encontrar todo lo que necesites y al alcance de un clic, las 24 hrs del día y desde la comodidad del cliente en el lugar donde se encuentre, tiempo y/o país.

Innovación

Las empresas si no tienen innovación en sus productos o servicios terminarán siendo obsoletas, brindan lo mismo de antes cuando la tecnología aumenta cada vez más.

En tu proyecto debes tener el cuenta que la innovación va acompañada de la investigación de nuevas técnicas de venta, métodos de pago, redes sociales y un sin fin de posibilidades que debes brindar a tu prospecto o cliente para poder hacerlos compradores compulsivos mediante una estrategia de venta como puede ser un descuento, regalo o promoción para crear expectativa y curiosidad al cliente.

Solución de problemas o de necesidades.

Tu producto o servicio debe brindar la solución o suplir la necesidad del cliente y/o prospecto. Es muy común que la gente desea hacer un negocio pero no estudia su mercado y cae en un grave error de no saber que esta pidiendo la gente, que está ofreciendo su competencia o cuales son las causas y ventajas de comprar tu producto o servicio.

Dar lo que quieren más que lo que necesitan.

Si nos enfocamos en dar lo que la gente necesita puedes hacer buen dinero pero si tu objetivo está determinado en dar lo que ellos quieren entonces bienvenido a los grandes negocios.

Todos necesitan salud pero no todos la quieren. Si logras hacer que ellos la deseen tanto o detectas que les urge algo que les ayude para mejorar su vida, trabajo, empresa, etc y si tu tienes lo que quieren entonces éxito es tuyo.

Para saber lo que quieren debes hacer un estudio de mercado bien trazado e ir realizando investigaciones a los clientes o prospectos durante la marcha, recuerda que siempre debemos actualizarnos para no quedar obsoletos.

3. Metas y Objetivos:

Este es un punto bien importante, imagina que estas en un desierto y no sabes donde encontrar el agua, si no la descubres estas pronto a morir. En las empresas o con los emprendedores sólo algunas veces su sueño es tan incierto que pasan su vida en un desierto, sin rumbo, sin saber a donde ir y mucho menos sin poder salir de ahí y esto pasa por:

No tener un Plan

No entres a la aventura sin tener un plan a desarrollar si no, cómo sabrás que herramientas necesitas para poder llegar o comenzar tu proyecto?

Acción

Ahora si ya tienes un plan lo que falta ahora es ejecutar ese plan y en una sola palabra se define como acción! Un padre de familia tiene el sueño de ver a sus hijos titulados en una universidad o que sean personas de bien, esto es un sueño pero tienen que elegir en que universidad o escuela va a estudiar para ver completado ese plan con la acción, el joven o la joven tendrá que asistir, realizar las tareas y demás para poder llegar a la meta.

Así mismo tu como emprendedor no permitas pase el tiempo sin hacer nada, avanza todos los días si es posible con disciplina, orden y constancia es aquí cuando verás que la acción trae como resultado los éxitos esperados.

Revisión

Una vez tu tienes el plan y la acción deberás revisar los logros y problemas a solucionar para dar un mejor servicio y atención al cliente.

Actualización

En el transcurso de tu proyecto siempre necesitas actualización de datos, eso es muy importante y no des por sentado que una vez realizado tu sistema no tendrás que actualizar nada, recuerda que todos vamos en constante cambio y si tu no cambias te cambian.

Metas claras y viables

Ten metas claras y que sean viables, es muy bonito soñar pero en los negocios no te puedes arriesgar tanto. Recuerda que la gente es la que invierte en tu producto y si no ven las cosas claras y seguras la duda los envuelve y no volverán a querer comprarte.

Con metas claras los negocios se pueden desarrollar rápidamente con eficiencia y eficacia logrando mejores resultados.

Calendario de metas

Obtén un buen calendario de metas esto te hará llegar si no tienes fechas sólo son sueños, imaginación y si sigues así tarde o temprano caerás en frustración, desanimo e inversión tirada a la basura.

4. Herramientas:

No existe un negocio exitoso sin herramientas de vanguardia, sin esto es como navegar en un barco pero sin mapa, quizá tienes el timón pero sin la herramienta del mapa te costará mucho trabajo llegar.

Aquí menciono algunas de las herramientas más importantes que necesita:

Nombre de dominio o marca sea tu negocio offline u online.

Si tu negocio esta a través de internet entonces tu nombre de dominio sea .com, .org, .net, etc., debe tener la siguientes características.

Nombre corto: Una o dos palabras. La ventajas son grandes ya que si pueden recordarlo o escribirlo de una forma sencilla sin darle flojera porque es muy largo o no lo recuerdan estarás perdiendo posibles clientes.

Nombre largo: Aquí es de tres palabras en adelante. Este te puede funcionar para un posicionamiento web o especificación de tu producto con tus prospectos, clientes o buscadores en la web. Si es un nombre de dominio de cola larga como le llamamos las búsquedas en la web serán muy específicas para poder ser encontrado.

Hosting

Una plataforma web no funciona si no tienes un hosting que sostenga toda la información de tu producto o servicio. Imagina tener una casa en donde metes tu auto, muebles, ropa y demás pero está tan llena que necesitas otra casa más grande sea con jardín o espacio para más autos. Lo mismo es el hosting web, tu casa es virtual y lo que subas sean imágenes, artículos, videos, etc. es lo que le cabe a tu casa. Por ejemplo en tu página web. Si no cabe nada más entonces necesitarás aumentar la capacidad del hosting.

Tecnología de comunicación

Aquí me refiero a telefonía celular, tabletas, medios web y/o todos los sistemas para llegar a tu prospecto o posible cliente.

Los negocios se hacen a través de comunicación y para esto necesitas estar conectado, saber comunicarte y poder hacer que la gente desee comunicarse contigo o tu empresa para informes, atención al cliente, etc.

Redes sociales

Actualmente las redes sociales son un gran vehículo para promocionar, compartir o dar soluciones a la gente en sus vidas personales y profesionales.

Ahora existen muchas redes sociales pero sin duda tu empresa, negocio o marca debe estar en la red social que más le beneficie de acuerdo al nicho, perfil y métodos de tu servicio o producto.

Métodos de pago

En un negocio debes saber elegir el mejor sistema de pago, aquí sugiero uno que sea confiable para los prospectos o clientes ya que tendrán que dar datos personales y si no hay confianza con tu negocio entonces no querrán regresar. (Ejemplos: Paypal, Clickbank, Cuenta bancaria, etc).

Atención al cliente

(email, línea telefónica, chat online). La venta está en el seguimiento, hay compradores que te siguen pero no dicen que te están siguiendo y es por eso que debes estar comunicado para poder brindar un mejor servicio y calidad.

Envió, descarga, inventario

En caso necesario debes tener en cuenta que si tu proyecto se trata de productos entonces debes elegir un buen sistema de entrega.

Si el caso fueran producto por internet entonces debes valorar con exactitud la forma rápida y confiable de descargar archivos y demás.

El inventario si es en tu caso debe ir acompañado de un sistema en tu página web para mayor rapidez y atención a hacia tus clientes.

5. Sistema:

Puedes tener el vehículo pero no el sistema que lo hace encender y llegar de un punto a A un punto B. El sistema te permitirá avanzar con orden, eficacia y dirección hacia el objetivo así como también te dará una visión clara de lo que deseas. Un sistema de metas por ejemplo o un sistema para llegar más rápido a todo destino.

Ejecución del plan de acción

En esta sistema deberá ir acompañado de la ejecución de resultados de forma ágil, sencilla y en orden. Si tú haces esto te quitarás muchos dolores de cabeza así como generar confianza en los mismos clientes o prospectos mediante un sistema en tu negocio.

Resultados

Tu empresa debe tener un sistema de resultados. Actualmente es fácil olvidar o dejar las cosas para después y descuidamos los resultados pensando que todo está bien.

Tu cliente quiere resultados de lo que le vendiste y si no los tiene entonces estas en un problema. Esto se soluciona o mejora mediante el análisis de resultados con todos los clientes.

Mejoras

En tu sistema debe haber mejoras y aquí digo siempre preguntarte, ¿cómo puedo mejorar en mi servicio o producto?

Hay mejoras en la forma de pago, rapidez, envió, etc. Toda empresa que se levanta siempre desea mejorar. Es por eso que la palabra mejoras debe ir en todos tus proyectos.

Te envío un abrazo y te deseo el éxito en todos tus proyectos.

Ademir Lozano

Capítulo 9

El Plan de Negocios para el Emprendedor
Jorge Rivero Zúñiga - Alemania

Es de vital importancia que todo emprendedor elabore un Plan de Negocios. En este capítulo brindaré algunos elementos para contar con un plan de negocios exitoso.

¿Qué es un Plan de Negocios?

Si uno pregunta a cualquier emprendedor si tienen un plan. Todos dirán "por supuesto que tengo un plan". Pero si uno les pide que se lo expliquen lo más probable es que se escuche una serie de buenas intenciones.

Un plan de negocios es una guía para el emprendedor Se trata de un documento donde se describe el negocio, se analiza la situación del mercado y se establecen las acciones que se realizarán en el futuro, junto a las correspondientes estrategias que serán implementadas, tanto para la promoción como para la fabricación, si se tratara de un producto.

El plan de negocios es un instrumento que permite comunicar una idea de negocio para venderla u obtener una respuesta positiva por parte de inversores.

También se trata de una herramienta de uso interno para el empresario, ya que le permite evaluar la viabilidad de sus ideas y la posibilidad de concretarlas.

¿Por qué hacer un Plan de Negocios?

Para un emprendedor el Plan de Negocios le será útil por muchas razones.

* Definirá sus objetivos usando información y análisis apropiados.

* Puede usarlo como un documento para instituciones de crédito, inversionistas y bancos.

* Puede usar el plan para pedir opinión y consejo. Generalmente es lo primero que trabajo en forma conjunta con cualquier emprendedor que desee usar mis servicios como consultor especializado en la creación de negocios y empresas.

¿Qué debe evitar en un Plan de Negocios?

Debe tener un límite razonable a sus proyecciones a largo plazo (En Latinoamérica largo plazo significa más de un año). Lo mejor es fijar objetivos a corto plazo y modificar el plan a medida que avanza el negocio. A menudo los planes a largo plazo pierden significado ya que la realidad actual es muy cambiante. El mercado cambia constantemente de tendencias, se aburre fácilmente de los nuevos productos y servicios y demanda ser sorprendido a cada minuto. Yo diría que actualmente el mercado exige un nuevo producto, servicio, idea, proyecto para cada semana.

- Evite terminología y explicaciones difíciles de entender. Un plan claro y conciso es lo mejor.

- No olvide describir las estrategias a seguir en caso de tener problemas y dificultades. Siempre se debe tener un plan B a la mano.

- No dependa completamente de la originalidad de sus ideas. El éxito llega a quienes inician negocios con un buen plan de negocios y no necesariamente con grandes ideas o sueños.

- No sea demasiado optimista al estimar las futuras ventas.

- No sea demasiado optimista minimizando los futuros costos. Lo más común es que surgan gastos imprevistos, "comisiones" solicitadas para determinados trámites, etc.

- No pretenda hacer de todo y para todos. A los emprendedores altamente especializados les va mejor. Encontrar un nicho de mercado es la opción adecuada.

- Proceder sin los conocimientos financieros y contables adecuados.

- Emprender un negocio sin elaborar un plan de negocios que lo respalde.

Elementos de un Plan de Negocios

1. **Resumen ejecutivo.** Es un resumen de una o dos páginas de tu plan de negocios. Es mejor hacerlo cuando se ha concluido con todos los detalles del plan de negocios.

2. **Descripción del negocio.** Debe incluir y definir varios aspectos de las ofertas del servicio, la historia de tu campo o cualquier evento actual, tus metas personales y objetivos. Esta sección es la columna vertebral de tu plan de negocios y preparara el escenario para el resto de la información.

3. **Productos y servicios.** Todos tienen un producto o servicio que le ofrecen a un posible cliente. Debes ser capaz de describir qué es lo que vendes e identificar lo que hace que tu producto sea único.

Ejemplo 1. En la Red Mundial de Conferencista desarrollamos 3 cursos para formar conferencistas. Gracias a la fortaleza de la organización a la fecha hemos capacitado a más de 50 colegas que triunfan en sus respectivas especialidades.

Ejemplo 2. Contamos con Editorial Viva, que publica libros como este, donde colegas de distintos países tiene la posibilidad de ser leídos y conocidos en otros lugares.

4. **Ventas y marketing.** Esta sección es mi favorita y creo que la más importante. Te abre la ventana al mercado y te brinda la oportunidad de distinguirte de la competencia.

Debes saber que así como la gente pasa por una tienda física y ve lo que se ofrece, igualmente los visitantes en tu sitio web pueden también ver tu productos y servicios y reconocer tu branding personal.

Tu Website debe ser prácticamente una tienda online. Puedes ofrecer muestras o demostraciones de tus productos o servicios, fotografías del material visual de marketing

Tu dirección web es tu "locación".

Si tienes un mapa del sitio puedes ayudar a las personas para que encuentren lo que buscan.

Si muestras testimonios, afiliaciones y la experiencia en áreas accesibles de tu sitio web el cliente te tendrá más confianza.

Presentar tu información de contacto le permite a la gente hacer negocios contigo. Dar información detallada sobre ti, aunque no estés en presencia de un posible cliente, da la primea impresión de tu personalidad.

1. **Operaciones.** El propósito de esta sección es para ayudarte a resaltar el lado más administrativo de tu negocio, incluyendo cómo operas, dónde está tu oficina, equipo, relaciones legales, red de proveedores, etc.

2. **Equipo administrativo.** Si tienes algunos consejeros o gente que te ayude manejar tu negocio, aquí es donde debes colocar dicha información. Tener un buen equipo de trabajo que cubra las áreas fundamentales como

administración, marketing y producción. Si hay una jerarquía de posiciones dentro de tu empresa, debes detallarla y elaborar un organigrama y un manual de organización y funciones.

3. **Desarrollo.** Aquí es donde puedes soñar un poco. No todo en esta sección esta basado en los hechos como la información que has desarrollado en las otras secciones. Proyecta hacia el futuro y piensa en grande. El desarrollo es una parte importante del negocio para seguir siendo creciendo.

4. **Resumen Financiero.** Números y cifras. Se debe tener en muy claro la situación económica y financiera. Un consultor de empresas o un buen contador puede ayudarte para elaborar un flujo de caja, un presupuesto. Información vital para conocer la salud de tu negocio.

Autores

Alan Alanís (EUA) es un profesor, escritor, conferencista e investigador internacional, que ha ofrecido conferencias tanto en inglés como en español en México, Estados Unidos, Cuba y Colombia. Durante sus inicios fue considerado por diferentes medios de comunicación como el escritor y conferencista profesional más joven de México. Actualmente es Asistente de Cátedra en la University of Texas at Dallas, donde estudia su doctorado en Humanidades, con concentración en Historia de las Ideas. También está certificado en Docencia por esta institución. Al publicarse la primera edición de este libro fue Asistente de Cátedra en la Texas State University, en San Marcos, Texas, donde cursó su Maestría en Filosofía y Ética Aplicadas y un Certificado en Ética Profesional. Ha sido profesor de Filosofía en Our Lady of the Lake University y University of the Incarnate Word, en San Antonio, Texas. Es también Lic. en Ciencias de la Comunicación por el Instituto Tecnológico y de Estudios Superiores de Monterrey, Campus Monterrey, así como Coach de Vida y Coach Espiritual por Europa Campus, Universidad Corporativa de la Red Mundial de Conferencistas. Autor de los libros *Soñando Verdades* (2005), *Flashbacks de los Momentos* (2012), *Mi Novia Eterna* (2012), *Trabajo en Equipo y sus Retos de la Nueva Era* (2014) y coautor de esta obra, siendo junto con el Dr. Jorge Rivero, uno de los autores más prolíficos de Editorial Viva.

Website: www.alanalanis.com.mx

Diego Salazar (Guatemala) es Conferencista y Coach Internacional. Además de ser un joven líder y emprendedor, actualmente ha llegado a miles de personas con sus conferencias, talleres y seminarios influyendo de manera congruente en instituciones no lucrativas, universidades, gubernamentales, empresas comerciales e industriales. Dentro de su trayectoria como emprendedor ha sido participe de la fundación de 6 empresas, Diego posee estudios superiores en Administración de Negocios, Marketing, Ventas, Life y Entrepreneur Coach Internacional; además participa como miembro del Consejo Directivo de La Red Mundial de Conferencistas, La Red del Coach y es Director Académico de la Universidad Europa Campus de Alemania. Dentro de su trabajo social participa como miembro del Consejo Editorial de Revista Actitud y del Consejo Editorial de la Revista Skills Magazine. En el año 2013 le fue otorgado el prestigioso Premio Internacional "Conferencista Revelación" por parte de la RMC y en el año 2014 el Reconocimiento de la Municipalidad de Quetzaltenango como "Visitante Distinguido".

Website: www.diegosalazaronline.com

Mauro Danzi (Argentina) brinda servicios de asesoramiento, coaching y capacitación para emprendedores, profesionales, empresas, universidades, equipos de venta, colegios, organizaciones civiles, deportistas y grupos en general. En 2011 se incorpora a la Red Mundial de Conferencistas organización en la que logra reconocimiento internacional al ser premiado conferencista revelación 2012 y al año siguiente afirma ese resultado siendo premiado nuevamente conferencista del año 2013, consagrándose, así como uno de los conferencistas más destacados de América Latina. Su principal diferencia radica en el compromiso apasionado que pone en su trabajo obteniendo así una gran aceptación de la gente gracias al mensaje inspirador que transmite en sus presentaciones donde el público lo llama "El Motivador de soñadores".

Website: www.maurodanzi.com

Alonso Pulido (España), Es creador de Ahumor, Amor y Humor en Educación, Salud y Empresa, Conferencista Inspiracional Miembro de la Red Mundial de Conferencistas, Formador en Risoterapia y Potencial Humano, Fundador y Presidente de la Red Mundial de Risoterapeutas, Educador Emocional, Mentor/Coach Ahumor y Feliz-Si-Das, Director General de su propia Vida y Padre. Autor del Libro "Amor y Humor en la Educación" P.E.P Felices...Hijo/as y Alumno/as

Felices ", nacido en Dos Hermanas (Sevilla) España, el 16 de Marzo de 1975. Formado en diferentes terapias alternativas, fusiona lo esencial de cada una de ellas, dando a luz a Ahumor, un nuevo paradigma que amplifica el efecto de dos palabras necesarias e imprescindibles en el ámbito educativo, sanitario o empresarial... el Amor y el Humor. Cuenta con una amplia trayectoria profesional en la que ha impartido cursos, conferencias y formaciones para más de 25.000 corazones en distintas ciudades del mundo. Su forma de expresar de corazón a corazón a calado en cientos de asociaciones, instituciones, entidades, multinacionales, centros educativos y de profesorado, universidades y hospitales.

Website:www.ahumor.es

Marco Antonio Ontiveros (México), Director Ejecutivo del IDeP; Fundador-Presidente Ejecutivo de la Red del Coach así como Embajador en México de la Red Mundial de Conferencistas. Es Director de la estación de radio por internet RADIO APyT, estación humanista que cuenta con programas dirigidos a la ayuda de sus radioescuchas; es Locutor Certificado Categoría "A", con número de Licencia 37540. También es Director Ejecutivo de RADIO PRIMERA, que es un medio formativo e informativo de la Red Mundial de Conferencistas. Es especialista en áreas: Cobranza, Ventas y Servicio, Gestión y Desempeño, Motivación, Integración de equipos de trabajo, entre otros. Conferencista Profesional Certificado (CPC) y

Conferencista Internacional Certificado (CIC) por la Red Mundial de Conferencistas y Coach Personal "IAC Coaching Masteries" (CP) Certificado por Coaching Ontológico, así como Life Coach Certificado (LCC) y Executive Coach Certificado (ECC) por Europa Campus. Es Certified Laughter Yoga Teacher-CLYT, Certificación Internacional obtenida en International Laughter Yoga University. Es facilitador e INSPIRADOR para el Desarrollo Personal.

Website: www.happinessacademy.us

Roberto Hernández Palacio (Nicaragua), es Conferencista, Motivador & Trainer, experto en Desarrollo Personal. A través de sus conferencias, seminarios y cursos ha capacitado a muchos profesionales, ejecutivos y empresarios de su país natal Nicaragua dotándolos de herramientas para llevar su liderazgo a otro nivel. Creador del programa de entrenamiento Oratoria de Alto Impacto, líder en la enseñanza del arte de hablar en público en su patria. Es Fundador y Director General de SUPÉRATE, docente internacional en la universidad Europa Campus, con sede en Alemania. Columnista para revistas de liderazgo y coautor de esta obra, es Embajador en Nicaragua de la organización representativa de los conferencistas profesionales de habla hispana en el mundo, la Red Mundial de Conferencistas. Es periodista con estudios superiores en Uso de Nuevas Tecnologías de la Comunicación, Análisis de Información Cualitativa, Con

Diplomados en Gestión del Talento Humano, Leyes Irrefutables del Liderazgo, y Formación Humana y Profesional.

Website: www.superate.info

Jonhfer López (Colombia), Lic. En Artes Escénicas, Actor teatral, Mimo Clown, Coreógrafo profesional y Director Artístico. Ha dedicado gran parte de su vida al desarrollo de las artes (teatro, danza, mimo, expresión corporal, entre otros), como terapia y herramienta para formar seres humanos íntegros, sensibles y expresivos. Docente y Conferencista Corporal Colombiano certificado por la Red Mundial de Conferencistas. Docente Internacional de Europa Campus. Docente del Instituto de Desarrollo Personal IDEP – México. Miembro de la Red Internacional de Consultores RIC. Ha trabajado como Asesor y Consultor de reconocidas empresas. El Lic. Jonhfer López es el creador y Director General del PROYECTO EXPRESION, especialista en Expresión Corporal, con grandes habilidades para el Liderazgo, la Motivación y el Entretenimiento. Gracias a su talento expresivo, innovación, creatividad, carisma y siendo un conferencista joven de la Nueva Generación, se le otorgó el reconocimiento como el Conferencista Revelación 2009.

Website: www.edutegia.com

Ademir Lozano (México), Desde los 8 años, se dedicó a elaborar Prótesis Dentales, su papá fue el que le enseño, por lo que está muy agradecido de este oficio, que es muy honrado; pero en lo personal, él quería algo más en la vida, que realmente le motivará hacer más cosas. Llegó un momento, que dormía 2 horas diarias, debido a tener mucho trabajo, pero muy poca paga y aparte, no le gustaba vivir así, deseaba salir de vacaciones tranquilamente, ¡¡tener mejores ingresos$!!, para poder disfrutarlos con su familia, pero, sobre todo, tener una mejor salud. Y mejor vida. Fue entonces que encontró un empresario en internet, y eso me llevo al éxito, le motivo a los negocios por Internet, al Network Marketing, Coaching, Vídeos, etc. Siempre estuvo en busca de algo que le diera la oportunidad, de mejorar y superarse en la vida. TODO CAMBIO PASA POR UNA DECISIÓN, pero de ti depende si es DETERMINANTE, Ademir eligió ser determinante en Network Marketing. Internet, es un mundo, y se dio cuenta, que es una "Solución A Tu Negocio", por eso se motivó a tener como misión de vida, de Elevar la Calidad y Máximo potencial de las personas en el mundo.

Website: www.facebook.com/ademirlozano1

Jorge Rivero (Alemania), en el presente siglo es el Conferencista Internacional que tiene el mayor impacto directo en la vida de sus colegas de profesión en más de 25 países. Ha logrado consolidar a la Red Mundial de Conferencistas, como la organización representativa de los conferencistas profesionales de habla hispana en el mundo. Como el creador de los cursos formativos para Conferencistas ha capacitado a muchísimos de sus colegas que hoy en día triunfan en sus respectivas especialidades. Creador, además de la Red del Coach, la Red Internacional de Consultores, Editorial Viva, la Federación Internacional de Superación Humana, la Red Mundial de Risoterapeutas. Todas organizaciones creadas para apoyar eficazmente a los profesionales de la palabra. Jorge Rivero preside además el selecto jurado que todos los años otorga los principales reconocimientos del mundo de los Conferencistas Profesionales como son: "El Conferencista del Año" y el Conferencista Revelación". Ha escrito 8 libros dentro de su especialidad. Habla español, inglés y alemán. Toda una leyenda en su propio tiempo.

Website: www.liderreal.com

www.ingramcontent.com/pod-product-compliance
Lightning Source LLC
Chambersburg PA
CBHW050008230526
45465CB00003BB/1315